The Sopranos

booklet
herausgegeben von Simon Rothöhler

Diedrich Diederichsen

The Sopranos

diaphanes

Inhalt

Mr. Ruggerio's Neighborhood

Verbrechen lohnt nicht

Christopher Moltisanti (Michael Imperioli) und seine Freundin Adriana La Cerva (Drea de Matteo), genannt Ade, leben auf geschätzten 55 qm zusammen. Die geringe Größe des Schafzimmers kann man durch offene Türen erahnen, es muss ja auch noch Adrianas Klamotten aufnehmen: ihre legendären Hosenanzüge zum Beispiel. Die Küche bleibt weitgehend im Off; das Wohnzimmer, in dem das Leben der beiden stattfindet, ist keine 15 qm groß. Es gibt einen niedrigen Tisch, auf dem Gläser, Pizzaschachteln und – immer wenn er mal wieder druff ist – die Heroinutensilien von Christopher herumliegen. Dazu offene Handtaschen, Kram. Irgendwann schafft sich Christopher wieder einmal reichlich vollgepumpt nach Hause (*The Strong, Silent Type*, TS 4.49).[*] Taumelt durch die winzige Hütte, muss sich dringend mal hinsetzen und landet auf etwas Weichem, das auf dem Sofa liegt. Irgendein Kissen oder so etwas.

Stunden später wird er von Ade geweckt, die ihren widerlichen kleinen Köter, ein weiches, weißes, wuscheliges Ding sucht. Nicht so laut, Adriana, ich habe geschlafen.

---

[*] Hier und in Folge: THE SOPRANOS, Staffel 4, Episode 49 (durchgehende Zählung).

Der Hund ist nirgendwo. Sie gerät in Panik. Laute Wortwechsel. Tja, und dann stellt sich raus, dass Christopher ihn totgesessen hat. Oder totgeschlafen. Von den vielen Arten, Lebewesen, vom Wirbeltier aufwärts, umzubringen, die Christopher im Laufe der SOPRANOS demonstrieren kann, war dies sicher die originellste. Sie führt dann dazu, dass sich die ganze Familie, also die einer verschlungenen Legende zufolge mit ihm verwandte Familie Soprano, aber auch die Mafia-Zelle, die von Tony Soprano (James Gandolfini) kommandiert wird, zusammenrottet, Christopher abpasst und ihn in einer Art Tribunal dazu zwingt, in Therapie zu gehen. Weil so ein Hundemord dann doch zu viel ist.

In dieser Szene kulminiert aber auch die Enge und das Elend, in dem der ehrgeizige, aber ungeduldige und leicht reizbare Christopher und die stets perfekt aufgetakelte, rührende und aufrichtig liebende Adriana eingepfercht sind. Man fragt sich in einer perversen Mischung aus Empathie und moralischem Überlegenheitsgefühl: Wo ist der Nutzen von all der Knochenbrecherei, den Hinrichtungen und Wutanfällen, wenn alles, was man sich leisten kann, diese Scheißwohnung in New Jersey ist, in einer Gegend, wo nicht mal die Mieten hoch sind?

Das gute Leben

Das gibt es auch: Christopher soll mit seinem Chef (und entfernt verwandten Onkel) und Mentor Tony und dessen Vetter, dem anderen Tony (Blundetto, dargestellt von Steve Buscemi) in den Norden aufs Land fahren, um Uncle Pat, einen ehemaligen Soldaten der Familie zu besuchen, dem man erlaubt hat, aus dem Mafia-Leben auszusteigen (*Cold Cuts*, TS 5.62). Auf seinem Grund und Boden sind diverse Mordopfer der Sopranos bzw. der DiMeo-Familie bestattet – die Sopranos sind ja nur ein Teil der DiMeo-Familie, Tony allerdings der zurzeit geschäftsführende Boss der ganzen Familie. Nun hat der Veteran aber beschlossen, ins Altenheim zu gehen und dafür sein Land verkauft. Bevor die Übersiedlung nach Florida in Angriff genommen werden kann, müssen die Bestandteile dieses Opferfriedhofs weggeschafft werden.

Christopher und Tony Blundetto fahren vor dem einstweilen verhinderten Tony und verbringen lukullische Tage auf dem Land. Reich gedeckte Tische im Freien. Nachts, wenn Cousine Louise, Tochter des alten Mafioso, schläft, buddeln Chris und Tony B im Schein der Fackeln, wo sie die Leichen vermuten. Christopher findet schließlich die Reste seines ersten Opfers, »my first, the Czechoslovakian«. Bei Kerzenschein schaut er ihm in den Totenschädel und erinnert sich während eines echten Hamlet-Moments seiner Initiation. Auch der aufmerksame Zuschauer kann sich während dieser nächtlichen Exhumierung in der fünften Staffel noch an die feige Hinterrücks-Hinrichtung erinnern, mit der Christopher den Tschechoslowaken im Kühlraum des Schweinfleischgeschäfts »Satriale's« im Verlauf des Pilotfilms erledigte (TS 1.1). Und was der Zuschauer auch noch weiß: Er hat bei dieser selbst auferlegten und laut Tony überflüssigen Mutprobe, dieser großen Bewährung des Nachwuchskillers, mit ihm mitgefiebert: Wird Christopher es schaffen, die großen Hoffnungen, die sein Onkel in ihn setzt, zu erfüllen? Ja, kalt und konzentriert lanciert er die Finte, der Tscheche geht voran, wendet dem scheinbar beiläufig Konversation machenden Chris den Rücken zu und muss dran glauben. Vielleicht zum ersten Mal wundern wir uns, wie und warum wir unsere Sympathien, unsere Perspektiven auf den Plot so organisieren, dass uns der feige Mörder am nächsten ist. Jetzt, wo Chris im Schein der Fackeln, deren Licht auch auf den Schädel fällt, die letzten Jahre Revue passieren lässt, haben wir zwar immer noch Mitleid mit ihm, der so gerne ein vollwertiger Mafioso sein möchte, Leitungsfunktionen übernehmen will – und doch immer wieder zurückstürzt in

Alkoholismus und Junkietum, in Größenwahn und gran-
diose Quatschprojekte und in kindliche Wut. Doch je län-
ger wir ihn beobachten, desto weniger Empathie bringen
wir für ihn auf – dies aber nicht, weil wir seine zunehmen-
den, immer brutaleren und ebenso jähzornigen wie kalten
Gewaltausbrüche widerlich finden, sondern weil er so ein
lebendes Pattern ist: so durchschaubar in seiner Flucht vor
Versagen und Trotteltum in Sucht und Gewalt und vor
deren Folgen wieder in irre Rehabilitationsprojekte. Am
Ende wird er sogar einen Film produzieren.

Tony Soprano erscheint am nächsten Tag. Die Szene ist
idyllisch. Schon wieder biegt sich der Tisch unter Lebens-
mitteln. Tony lässt die Tür des SUV knallen und begrüßt
seine Mitarbeiter: »That's the life, eh?« Dieses wirklich
gute Leben ist das homosoziale Abhängen mit den anderen Gangstern, ohne Frauen. Im Laufe der zweiten Staffel
muss Tony, über dessen Haupt eine Mordanklage schwebt,
seine üblichen Treffpunkte und Quasi-Büros, an denen
er seine Kumpel trifft, meiden (*House Arrest*, TS 2.24).
In seinem legalen Büro in der Barone-Müllbeseitigungs-
firma beschäftigt er sich mühselig mit Ersatzhandlungen,
aber auch der krawallige Fick auf dem Schreibtisch lindert
seine Langeweile nicht. Schließlich kehrt er zu den Kum-
peln zurück. Johnny Thunders' wunderbares »You Can't

13

Put Your Arms Around A Memory« erklingt aus dem Off und beendet die Episode.

Der Song ist nicht wörtlich zu nehmen. Es geht nicht um den in das Stadium melancholischer Akzeptanz übergegangenen Trennungsschmerz; es geht nur um die homosoziale, hard-boiled Sentimentalität, die Johnny so gut verbreitet und die sich einstellt, als Tony endlich die anderen Gangster wiedersehen kann, statt sich mit Bürohengsten oder seiner Familie rumärgern zu müssen. Die Alternative während des Kumpel-Entzugs bestand darin, sich nachmittags im Bademantel an seiner Frau und deren Zirkel von kulturell interessierten Mafia-Ehefrauen vorbeizudrücken, die sich über gemeinsam gelesene Bücher Marke John Irving unterhalten. Diese hier wiedergefundene Männeridylle wird nicht sehr detailliert ausgeführt in der Serie: Sie kann als bekannt vorausgesetzt werden; denn sie schreibt sich von einer bestimmten hard-boiled realistischen New Yorker Tradition her, die ihre Kontinuitätslinien im Kino, der Literatur, der Pop-Musik, ja selbst in der Bildenden Kunst und im Theater vorweisen kann. Dies sind nicht nur die Mafia-Filme Scorseses, es ist auch der lakonische Straßen-Realismus eines Spike Lee (für den Michael Imperioli wiederholt gespielt hat), das Theater Sam Shepards, aber auch der Proto-Punk der

New York Dolls und der Heartbreakers, ja und natürlich, so ungern ich das als alter Springsteen-Gegner sage: die New-Jersey-Seelenlandschaften Bruce Springsteens, aber auch Lou Reed, seit er sich von Künstlertype und queerem Dandy zum straßenstolzen Realisten entwickelt hat, für den die 125th Street nun weniger ein Abenteuerort als ein sozialer Brennpunkt ist. Und auch da, wo die New York School ihre Cedars-Tavern-Traditionen über die queeren Sechziger hinweg aufrechterhalten konnte, findet man in der Bildenden Kunst New Yorks diese Typen und ihre Gemeinschaften: Man braucht nur an den Maler zu denken, den Nick Nolte in Martin Scorseses Beitrag zu den NEW YORK STORIES porträtiert hat.

Die besseren dieser androzentrischen Kunstwerke halten tatsächlich die Waage zwischen Anlässen für eine gerührte Faszination, angesteckt von der sentimentalen Lockerung, mit der die meist angespannten Gewalttäter und -opfer sich vorübergehend öffnen und großen lakonischen Humor verbreiten, auf der einen Seite, und der grauenhaften klaustrophilen Ängstlichkeit dieser elenden Intimität unter seinesgleichen, die irgendwann in barbarische Gewalt kippt, auf der anderen Seite. Doch während die meisten Traditionslinien dieses männlich-proletarischen Realismus ihre Welt als eine Realität, eine harte, aber authentische Subkultur jenseits der bürgerlichen Wohlanständigkeit beschwören und ihre Ambivalenz als den Preis ihres Eigensinns, ihrer Herzlichkeit, ist die Serie THE SOPRANOS komplexer: Sie baut Distanzierungen und reflexive Rahmungen der Zuschauerpositionen an vielen Stellen ein. Zugleich ist aber auch die Verbundenheit, die sie stiftet, noch viel enger. Diese harten, aber herzlichen, widerwärtigen, abstoßenden, kindlichen, rührenden Brüder sind keine Außenseiter, sie sind die Normalität. Dass sie und niemand ihr Leben wirklich leben kann, ist die Realität; die Realität der untergehenden (amerikanischen) Mittelklasse und einer mit ihr verschwindenden ödipalen Kultur der materiellen Arbeit.

This life of ours. This thing of ours. The life we lead.

Es gibt verschiedene Ausdrücke, mit denen in THE SOPRANOS das organisierte Verbrechen, seine inneren Gesetze, seine Organisiertheit, seine Traditionen bezeichnet werden. Meist spielt das Wort »Life« dabei eine Rolle. Die drei oben genannten werden meist vorsichtig und bei nur leicht geöffneten Lippen und vorgehaltener Hand herausgeflüstert.

Silvio macht das zum Beispiel so. Silvio ist Silvio Dante, der Consigliere von Tony Soprano, dem das »Bada Bing« gehört. Dieser Nachtclub-cum-Puff ist neben dem Satriale's das andere kaum klandestine Büro der von Tony Soprano geleiteten Gruppe der italienischen Mafia, die die New-Jersey-Seite des Hudson River beherrscht. Gelegentlich arbeiten sie mit den Leuten aus New York zusammen, gelegentlich auch gegeneinander. Sie haben Geschäftsbeziehungen nach Florida, nach Pennsylvania und sind auch punktuell mit Neapel (Autoschmuggel) und Russland (Geldwäsche) vernetzt. Doch in New Jersey scheint ihr Einfluss auf die Gegenden in der Nähe von New York begrenzt: Newark, Elizabeth, Jersey City, Essex County.

Silvio Dante wird von Steven van Zandt gespielt, als Little Steven ist dieser ein Rock-Star in eigener Sache wie auch als Begleitmusiker von Bruce Springsteen. Er bestreitet eine Radiosendung, die ganz dem amerikanischen Punk-Rock gewidmet ist. Seine Definition von Punk-Rock umfasst drei Kategorien: 1. The Ramones. 2. Bands, die die Ramones beeinflusst haben. 3. Bands, die von den Ramones beeinflusst worden sind. Neben seinem Ramones-Kult betreibt er ein Mafia-Museum. Aus diesem scheint er auch seine Kostüme für seine Rolle in dieser Serie zu beziehen: Er ist immer perfekt in glänzende, scharf geschnittene Anzüge gekleidet, die anders als die bizarr hässlichen Freizeithemden in Übergrößen, in die Tony Soprano seine von Staffel zu Staffel stattlichere Leiblichkeit stopft, etwas hermachen in ihrem perfekten Retro-Chic. Silvio ist mithin auch in der Fiktion ein Mafia-Historiker. Zur Freude der Gang und derjenigen SOPRANOS-Exegeten, die die Serie gerne »postmodern« oder »selbstreflexiv« nennen, kann er berühmte Monologe aus THE GODFATHER auswendig. Er ist derjenige, der die Formel »This thing of ours« mit der größten Gravitas ausspricht, der die Geschichte ernst nimmt und Dignität dafür einfordert. Darüber wird er zuweilen zur Karikatur. Als Schauspieler ist Steven Van Zandt unter den Hauptfiguren sicher der begrenzteste: sein Repertoire beschränkt sich auf die vorgeschobene Unterlippe und die eher grimassierend unterstrichenen Besonderheiten seiner Gesichtszüge. Dialoge kann er nicht spielen, er gehört wie seine Anzüge eher zur Requisite. Seine gelegentlich auftauchende, ähnlich aufgebrezelte Ehefrau wird von seiner realen Ehefrau gespielt. Auch wenn es von Silvio, der im Bada Bing ständig von nackten Frauen umgeben ist, genau wie von den anderen Mafiosi ständig heißt, sie hätten neben der Ehefrau auch eine Geliebte, eine sogenannte *Comare* (ausgesprochen: Gumar), sieht man Silvio nie mit einer anderen Frau. Auch in seinem Liebesleben scheint er die Konventionen der von ihm so geschätzten Mafia-History eher darstellen zu wollen, als dass er das *life of ours* wirklich ausleben will. Aber es ist auch Silvio, der den Mord verüben wird, den das Publikum der Serie am abstoßendsten finden wird; der so in die vorletzte Folge der fünften Staffel eingepasst wird, dass er die langsam sich steigernde Dissoziation der Zuschauer-Empathie mit den Protagonisten der Serie einleitet. Am Ende dieser Episode wird das Auto des Opfers, ein niedlicher Sportwagen, Metonymie für den Charakter der Getöteten, auf den Teil eines Flughafenparkplatzes gefahren, zu dem das Schild »Long Term Parking« führt. Das machen wir, wenn dieses, unser Leben vorbei ist: Wir werden sehr lange geparkt.

Join The Club

Eine Fernsehserie. Oder.

Ein halbes Jahrzehnt nach ihrem Ende sind die Sopranos so stark kanonisiert und so oft zum Klassiker einer völlig neuen Bewegtbild-Erzählform erklärt worden, dass man vergisst, dass sie auch eine Menge von einer ganz normalen Fernsehserie haben; mehr als man vermuten könnte, wenn man immer wieder hört, sie hätten dieses neues Genre der sogenannten Qualitätsserie begründet. Und die mache vor allem aus, mehr als TV zu sein, wie der Sender wirbt, dessen Weltruhm mit ihr begonnen hat.

Es gibt eine Reihe stabiler Kulissen, die man immer wieder zu sehen bekommt, die auch inmitten überaus filmischer Episoden als fernsehhafte Ruhepunkte fungieren, in denen die Handlung fernsehmäßig auf Dialog fokussiert wird und Schnitt und Gegenschnitt in gewohnter Umgebung dominieren: Allen voran wäre die Küche im Hause Soprano zu nennen, in der Frühstücksrituale ihren Lauf nehmen. Hier sitzt der ebenso verfressene wie antriebsarme Sohn des Hauses (A. J. oder Anthony junior) an der Küchentheke und löffelt seine Zerealien, seine Schwester Meadow belehrt mit großen wohlgesetzten Worten die Familie, gebildeter als ihre Eltern, ehrgeizig und egoistisch. Der Vater, der Mafiaboss, wird derangiert und zerzaust scheinbar von seinen offenen, weißen Bademänteln Richtung Kühlschrank dirigiert, wo er Reste der letzten warmen Mahlzeit in großen Tupperware-Schüsseln findet.

In dieser Umgebung werden die SOPRANOS zur Familienserie mit fast schon stereotypen Kleinfamilien-Konflikten. Gerade in dieser Konstellation blühen allerdings auch die Darsteller besonders auf: Carmela Soprano, die von Edie Falco, einer New Yorker Theaterdarstellerin gespielt wird, die zu Drehbeginn aus einer Inszenierung der Dreigroschenoper herausgekauft werden musste, wo sie die Seeräuber-Jenny war, entfaltet in diesem Bühnensetting ihre unschlagbare Multitasking-Performance. Während sie hausfrauliche Verrichtungen erledigt, registriert sie die einander überlagernden Interaktionen – mit wem redet Tony am Telefon, zu welcher Freundin will Meadow gehen (wirklich nur um Hausaufgaben zu erledigen?), vor was drückt sich der faule Sohn gerade wieder – und setzt ihre präzisen Interventionen.

Ähnlich funktioniert das Hinterzimmer des Bada Bing mit seinem Billardtisch, wo sich die jeweilige Kerntruppe täglich trifft und auch für andere ansprechbar ist, wie ebenso an den Tischen, die in der warmen Jahreszeit vor dem Satriale's stehen. Wiederkehrende Orte, die aber irgendwann verschwinden, sind das Haus von Tonys Mutter, das später seine Schwester Janice bewohnen wird; eine Arztpraxis, in der Tony und sein Onkel (»Uncle Junior«) konferieren müssen, da Junior anderswo abgehört wird; das Hinterzimmer des Rock-Clubs, den Christophers Freundin Adriana betreiben wird und einige mehr. Ein gutes Drittel von THE SOPRANOS spielt in solchen vertrauten Locations. Während andere der sogenannten neuen Qualitätsserien weitgehend auf Bühnenfernsehen verzichten, leben die SOPRANOS gerade von der Kombination aus beidem: filmische Kamerabewegungen, ausgeprägte Körperlichkeit der Darstellung, abwechslungsreiche, abenteuerliche Außenaufnahmen an visuell attraktiven, oft dramatisch postindustriellen Sets entlang ehemaliger Hafenanlagen einerseits und geschmacklos kleinfamiliäre Innenräume, vertraute Sets, brillante Dialoge andererseits. Die bekannten Gäste, die wie Mike Figgis, Peter Bogdanovich oder Steve Buscemi für einzelne Episoden die Regie übernommen haben, geben einvernehmlich zu Protokoll, dass die Vertrautheit der Darsteller mit den Kulissen diesen zur zweiten Natur geworden sei. Sobald sie an einem dieser Orte agieren, werde jede Schauspielerführung überflüssig bis unmöglich; die eingespielte Interaktion mit Mobiliar und Studioarchitektur lasse kaum Einflussnahme zu.

Establishing Shots

Wo sind wir eigentlich? Einem amerikanischen Freund, an einer Universität in dem an New York grenzenden Bundesstaat lehrend, genügte ein Blick im Vorbeigehen und er sah sofort: »Ich muss schon das ganze Jahr in New Jersey arbeiten, ich will das nicht auch noch sehen, wenn ich in Europa bin.« Statt des Establishing Shots, der in einer konventionellen Fernsehserie über ein architektonisches Außenbild das dann folgende Innen lokalisiert – etwa die South Fork Ranch in DALLAS in ihrer ganzen Breite als Ankündigung des folgenden Frühstücksstreits –, gibt es bei den SOPRANOS jeweils zu Beginn – als Vorspann – eine fast neunzig Sekunden lange Sequenz von Establishing Shots. In diesen eineinhalb Minuten sind es circa sechzig Bilder, die die Autofahrt Tony Sopranos von Manhattan nach Hause erzählen. Die lästige Unterbrechung der Fahrt, beim Ziehen der Gebührenmarke, kriegt auch die längste Kamerabewegung. Die prägnanten Aufnahmen von Landschaften zwischen dem zurückgelassenen New York und der Ankunft vor der suburbanen Garage in Essex County werden nur von ein paar Gegenschüssen ins Innere des Autos gekontert: Tony zieht an seiner Zigarre, Nahaufnahme von Tonys dicht behaarten, virilen Unterarmen, Tonys missmutiger Blick. Neben *landmarks* wie dem Eintritt in die Autobahn nach der Ausfahrt aus dem Tunnel, den Twin Towers des World Trade Center (verschwinden nach der dritten Staffel), der Freiheitsstatue, einem startenden Flugzeug des Newark Airport, den Sümpfen New Jerseys (hier wird so mancher Leichnam verschwinden), markanten Gebäuden und Blicken (etwa auf den riesigen weißen Tank mit der Aufschrift »Drive Safely!«) geraten auch schon Schauplätze der Handlung wie das Satriale's ins Blickfeld.

Diese Bilder werden auf den Beat des Stückes »Woke Up This Morning« der britischen Band A3 geschnitten; ein seltsames und doch typisches Neunzigerjahre-Projekt von Musikern, die von den Aufbrüchen elektronischer Tanzmusik und HipHop und den Möglichkeiten des Sampling geprägt waren und dann aber zurückwollten zu einer um diese Erfahrungen angereicherten Version des Blues und anderer amerikanischer Rootsmusik. Eigentlich sollten sie Alabama 3 heißen, bekamen aber irgendeinen Ärger mit dem Fremdenverkehrsmarketing des gleichnamigen Bundesstaates. Dies ist nun also ein lediglich von ein paar Soundsignalen und Textfetzen als Blues gekennzeichnetes, vorwiegend auf markanten, rhythmisch gesetzten Soundeffekten aufgebautes Stück: So erklingt kurz eine

Blues-Harp, die stereotype Textzeile »Woke up this morning«, die den klassischen Country-Blues eröffnet, deutet auch hier so etwas wie die Einführung eines fühlenden Ichs an, welches dann aber ausbleibt. Es kommen nur einzelne ausgestoßene Zeilenfragmente, pseudomechanische, musikalische Geräusche, Klicken, Zucken. Passend zu den vielen geräuschvollen Unwillkürlichkeiten von Tony Sopranos Körperlichkeit. Ideal ist so ein pochender, klackender, zuckender Track, um eine Autofahrt ebenso zu perforieren wie dann wieder zurückhaltend zu begleiten. Man könnte meinen, dass Tony gemeint ist, ja, dass er die Stümmelsätze spricht.

Aber er wurde nie von seiner Mutter zum »chosen one« erklärt, wie es in dem Lied heißt, noch war er einfach »one in a million«. Das Verhältnis von Individualität und Allgemeinheit hat Tony Soprano nun gerade für sich ganz gut gelöst: Er steht in einer Tradition und hat eine Führungsrolle inne, er ist nicht einer dieser zahllosen unstabilen Typen wie Christopher, die nie wissen, ob sie ganz nach oben oder ganz nach draußen gehören. Diese gierigen, unzuverlässigen Spinner, die Tonys Leben oft zur Hölle machen, wenn sie aus den großen Offs der Erzählung kommen, etwa weil sie nach einer langen Haft aus dem Gefängnis entlassen werden und nun zurückwollen in »the life«. Oder, wenn sie schließlich aus diesem »life« wieder verschwinden, zurück ins Gefängnis oder ganz raus, in ein anderes Off, das man der Familie der Verschwundenen als Zeugenschutzprogramm verkauft, in Wirklichkeit aber die Sümpfe meint. Oder das Grundstück im Norden.

Der zweite Zugang: Carmela und die Liebe

Avancierte kulturindustrielle Produkte – und dazu gehört die Serie THE SOPRANOS unabhängig davon, ob sie auch ein großes Kunstwerk ist – zeichnet seit den späten achtziger Jahren der Umstand aus, dass sie gezielt für mehrere Zuschauerperspektiven gemacht sind, für verschiedene Zugänge gebaut. Dies ist wahrscheinlich der Punkt, wo die viel beschworene deutsche und europäische Provinzialität am gravierendsten ist. Es ist gar nicht die mangelnde Bereitschaft, so etwas wie Qualitätsserien zu denken, wenn deren Geheimnis nur darin bestünde, eine Fernsehproduktion etwas sorgfältiger, weniger hanebüchen und nicht ganz ohne jedes Wissen um zeitgenössische kulturelle Üblichkeiten zu produzieren. Es ist das absolute Unverständnis dafür, dass ein relevantes zeitgenössisches Kunstwerk, dessen Resonanz nicht auf die Welt der Trottel oder der Gebildeten beschränkt bleiben wird, nicht dadurch entsteht, dass man den großen Individualismus der Qualität anruft, sondern indem man patchworkartig verschiedene gesellschaftliche Perspektiven vernäht: Dies müssen Perspektiven sein, die es real gibt und bei denen sich Zuschauerperspektiven mit denen der fiktiven Figuren verbinden lassen, ohne dass man einer partikularen Perspektive recht geben kann. Man muss sie nur ernst nehmen. Das Ergebnis dieses Ernstnehmens aus künstlerischen und kommerziellen Gründen ist die wohldurchdachte Form der Serie mit ihrer Architektur aus Staffeln, Episoden, Plots, Subplots, Bögen und Zugängen.

Während Christopher für die abenteuerorientierten Jungs und Nerds zuständig ist, die selber gerne mit Knarren spielen oder spielen würden, die selber gerne wo reinwollen, wo sie als retardierte Männlichkeitsdarsteller mit auch noch künstlerischen Ambitionen ernst genommen werden und den berühmt-berüchtigten »Respekt« bekommen (und den dann eben nicht bekommen), steht Carmela für eine Perspektive, die nicht einfach nur weiblich ist. Ihr berüchtigter Pragmatismus, eingepasst in die weibliche Rolle dieser nach außen extrem traditionell katholischen Familie, setzt sich Ziele und Projekte, deren bedingungslose Durchführung in ihrer inneren Buchführung die Bezahlung für die generelle Unzumutbarkeit des Lebens an der Seite eines führenden Mobsters darstellt.

Diese Ziele und Projekte lassen sich am Anfang noch aus der traditionellen Mutterrolle ableiten: das Beste für die Kinder herausholen, reputierliche Netzwerke bilden, die Außendarstellung verbessern, Haus und Garten auf Vordermann bringen, Festtage ausrichten und gute Beziehungen zu Kirche und Nachbarschaft unterhalten. Doch bald verselbstständigen sich diese Projekte und werden auf ähnliche langfristig strategische Weise verfolgt wie die allgemeinen politischen und ökonomischen Bestrebungen ihres Gatten – mit dem sie aber nicht immer an einem Strang zieht; im Gegenteil: Seine Unterstützung wird meist (und in der Regel unausgesprochen) als Tauschgeschäft oder als Wiedergutmachung nach einer seiner notorischen Verfehlungen mit seinen Comares eingefordert.

Carmela vertritt aber auch die Zuschauerfrage nach der Liebe. Während der Christopher-Zuschauer, mit seiner Frage nach Macht und Respekt und seinem Angezogensein von Sex und Gewalt, die Frage nach Hackordnungen und Schlachtordnungen und deren Entwicklung im Verlauf der Serie stellt, fragt Carmela, wer es mit wem treibt oder treiben wird, freut sich über gelungene und bekämpft problematische Paarbildungen. Schließlich ist aber Carmelas eigene Libido eines der prekärsten und meist umkämpften Ungleichgewichte der Serie. Ihre Bereitschaft, ihre Rolle zu spielen und sich von einem verhandlungsbereiten und Zugeständnisse machenden Tony kaufen zu lassen, kann erschüttert werden durch allzu deutliche Dementis romantischer Verbundenheit oder durch das Ausbleiben wenigstens respektvoller Formen des Umgangs von seiner Seite. Sie wird dann bereit sich zu verlieben: ob in Männer, die für eine jüngere, reinere Version der rüden Männlichkeit stehen, die einst Tony mit seinen behaarten Armen verkörpert haben mag, oder in Männer, die für den sozialen Aufstieg stehen, den sie sich erträumt: Männer der Kirche und der Universität. Dass es an dieser Front dann bei allen Versuchungen doch nie zum endgültigen Bruch kommt, ist weder eindeutig als Teil der Struktur zu erkennen, die *dieses unser Leben* eisern als Ideologie zusammenhält, noch wird ganz klar, ob es nur Zufälle, (für Tony und den Status quo) günstige Umstände waren, die Carmela daran hinderten, so etwas wie ihren freien Willen gegen die Struktur zu mobilisieren und endgültig die Reißleine zu ziehen.

Die andere offene Flanke ist die Moral. Ein offiziell traditionelles Universum, das schon erschüttert wird, wenn der phlegmatische Sohn des Hauses den Tod Gottes meldet oder wenn für den Geschmack der Dame des Hauses zu viele schwule Schriftsteller im Literaturunterricht ihrer Kinder behandelt werden, ist naturgemäß eines der Doppelmoral. Diese Doppelmoral kann aber nie von einer Person alleine ausgehalten werden, die allein beide Pole vertritt. Sie muss immer wieder auch zwischen den Partnern aufgespannt werden, sodass der eine sich im Verhältnis zum anderen als entweder der Vertreter der Moral oder der Praxis und des Alltags mit seinen notwendigen Kompromissen empfinden kann. Carmela ist für Werte im Allgemeinen zuständig, nicht nur für Moral, auch für Kunst, das Schöne, Religion. Wenn sie Ansichten begründet, nennt sie ihre Quellen, die Bibel oder etwas, das der andere schon immer für richtig gehalten habe. In Tonys Rhetorik spielen Quellen oder Autoritäten keine Rolle, dafür insinuiert er aber in der Regel, dass die Praxis des Lebens seine Ansichten präge. Allenfalls erwähnt er einen Namen, den er vor kurzem aufgeschnappt hat, während wir dabei waren: Sun-Tzu, Mountbatten, Rommel, Gary Cooper. Er braucht keine Kompromisse zwischen Erfordernissen des Alltags und erklärten Werten einzugehen, allenfalls mit Personen – sein Selbstbild ist das eines hochrangigen Soldaten, der nicht nur kämpft, sondern gelegentlich auch verhandelt. Sein Misstrauen gegen

Carmelas Werteorientierung formuliert er einmal mit den Worten: »Wie kommt es, dass wir immer nur dann religiös werden, wenn es dir nutzt?« Beide Ehepartner verfügen – das macht das Aufrechterhalten der Doppelmoral nicht leichter – über Techniken angewandter Ideologiekritik.

Carmela ist sehr virtuos im Eingehen und Begründen von Kompromissen zwischen ihren konservativen und traditionellen Werten und ihren Wünschen und den Notwendigkeiten ihres Lebens. Sie braucht beide Seiten, weil sie ohne Orientierungen zusammenbräche, aber auch nichts zum Verhandeln hätte. Carmela weiß, dass nicht alles zu wissen für ihren Seelenfrieden manchmal das Beste ist. In der zweiten Staffel weint sie am Bett des schwer verletzten Christopher mit der zutiefst erschütterten Adriana, und schließlich, in einem von Regie und vor allem Sounddesign als sehr ernst und still freigestellten Gebet, verknüpft sie vor Gott in großer Aufrichtigkeit ein Schuldbekenntnis im Sinne der möglichen moralischen Anklagen von Seiten der Zuschauer mit der Bitte um Christophers Genesung, sodass wir Zuschauer keine Zweifel mehr haben, dass es nur dieses Gebet war, dass uns den von Kugeln durchsiebten Christopher für die nächsten Staffeln erhalten hat. In diesem Sinne ist es besser, dass sie über das spätere Schicksal sowohl Christophers wie Adrianas nicht alles erfährt, was

Tony erfahren wird. Es wäre aber auch mit dem psychologischen Feinschliff der Serie keineswegs inkompatibel, Carmelas Wunsch, Detektive Nachforschungen anstellen zu lassen, um mehr über Verschwundene zu erfahren, nicht als Versuch zu deuten, tatsächlich die Wahrheit zu erfahren, sondern eher als das Gegenteil, als endgültige Delegation der Ursache eines Verhängnisses in ein weit entferntes Unbekanntes. Wo doch diese Ursache so überaus nahe bei ihr ist.

Was man weiß, wissen kann, wissen will, auf wessen Seite man steht, mit wem man gegen die eigenen Überzeugungen sich verbunden fühlt – all dies sind Gefühle des Zuschauers, die dieser mit den Bezuschauten teilt. Die Serie lädt dazu ein, sie thematisiert dies. Sie bietet Carmela als einen traditionellen Zugang, dessen prekäre Doppelmoral Figur und Zuschauerperspektive verbindet und schließlich offen zum Problem gerät. Christopher ist eine andere traditionelle Perspektive – Abenteuer und Gewalt –, die schließlich am Ausbleiben der patriarchalen Schließung (»Respekt«), auf der sie aufgebaut ist, scheitert. Beziehungsweise daran, dass die Anerkennung, die ihm gelegentlich doch zuteil wird, nicht hilft, das Leben zu führen, das er führen will, weder psychologisch noch ökonomisch. Beide Perspektiven werden wachgehalten und immer wieder neu in Gang gesetzt, nachdem sie schon mit Karacho in den Sand ihrer allfälligen Aporien gesetzt worden sind. Doch sind diese beiden Zugänge für all diejenigen Zuschauer entscheidend – und dass ihre Zahl nicht gering ist, lehrt der Blick in eines der vielen Internetforen, in denen noch heute über die SOPRANOS debattiert wird –, für die die Mafia-Familienserie nicht in erster Linie eine andere Welt zeigt, sondern ihre eigene. Die Tonys ideologische Sentenzen – »Am Ende kannst du dich auf deine Freunde nicht verlassen, am Ende ist es die Familie, die zählt« – nicht für einen typischen Satz einer so und so gezeichneten und determinierten Figur lesen, sondern als eine Wahrheit an sich. Dennoch wichtiger als diese beiden Perspektiven ist eine dritte, diejenige, die für den – nennen wir ihn: bürgerlichen oder gebildeten – Zuschauer entwickelt wurde.

Der dritte Zugang: Dr. Melfi und die Sucht

Die Intertextualität der SOPRANOS ist nicht zu unterschätzen, ohne die in diesem Zusammenhang viel verliehenen Ehrentitel »postmodern« und »reflexiv« überzubewerten. Es ist kein Wunder, dass der in den letzten Staffeln zen-

trale Quälgeist Phil Leotardo von Frank Vincent dargestellt wird, der in Martin Scorseses GOODFELLAS den Billy
Batts spielt, einen anderen, in diesem Fall historischen
Quälgeist. Doch überlebt Billy Batts nicht in Phil Leotardo nach der Art eines Spin-Offs, bei dem ein Charakter
von einer Serie in eine andere wechselt – der Quälgeist ist
eine Struktur (wir werden auf ihn zurückkommen). Verweise und Überblendungen mit den großen Mafia-Texten
und dem schon erwähnten New Yorker Realismus sind
in vielen Casting-Entscheidungen zu erkennen. Michael
Imperioli hat bei Spike Lee gespielt, aber auch eine kleine
Rolle in GOODFELLAS, sein Charakter Christopher wird
das, was Imperioli in GOODFELLAS von Joe Pesci angetan
wird, später in den SOPRANOS einem, seinem GOODFELLAS-
Charakter (neugierig beflissener Nachwuchsgangster) entsprechenden, jungen Mann zufügen. Auch Aida Turturro,
die Janice, Tonys Schwester, spielt, kommt aus einer zentralen Familie des New Yorker Realismus. Doch Lorraine
Bracco ist noch mehr als die anderen, sie ist einer der Stars
aus GOODFELLAS. Sie ist zwar hier als seine Therapeutin
Dr. Melfi eine Autoritätsperson für Tony, eine, die als
solche anzuerkennen ihm aus maskulinistischen Gründen zuweilen schwerfällt, aber obwohl sie das ist, ist sie
eben im Mafia-Kontext auch eine ehemalige heiße Braut,

eine, die mit ihrem Mann durch das Dick und Dünn einer Mafia-Existenz gegangen ist, eine, die dabei eine Geschicklichkeit, ein Superwoman-Multitasking an den Tag gelegt hat, die als Überschuss, stille Reserve ihre andere, heutige Existenz als italienisch-amerikanische Psychotherapeutin zuweilen überlagert. Melfi ist zwar durch ihren Job, ihre strategische Position als mit Schweigegebot ausgestattete, professionell neugierige, nicht involvierte Zuschauerin ideal für einen quasi-neutralen Zugang, für die Rationalisierungen unseres Zuschauens, unserer Neugier, unseres Interesses, unserer Sucht, mehr sehen zu wollen – aber sie ist auch das lebendige Dementi der Möglichkeit einer solchen Neutralität. Ihr Wissen, ihre Urteile, ihr Begehren sind komplexer, begründeter, anschlussfähiger als die von Christopher oder Carmela, aber sie müssen von Beginn an mit ihrer Widersprüchlichkeit kämpfen, mit der Unmöglichkeit von Neutralität – und zwar weit über die üblichen Übertragungsprobleme hinaus.

Dass Tony sich in Melfi verliebt und dass auch sie diesem großen, plumpen, trotz seiner Fülle ständig aktivierten Körper gegenüber nicht ganz gleichgültig bleibt, ist fast noch das geringste Problem. In der ersten Staffel kommt es nicht nur zu ersten Übertragungsphänomenen, außerdem wird irrtümlich, aber durch Tonys Einfluss ein

Boyfriend von der Polizei gequält. In der zweiten Staffel aber schildert Melfi ihrem Analytiker Elliot Kupferberg, den Peter Bogdanovich spielt, bereits Symptome eines Suchtverhaltens, das dem des Zuschauers ähnelt. Bezeichnenderweise aber nicht dem des Fernsehzuschauers, sondern dem des DVD-Zuschauers, der seinen Konsum und dessen Frequenzen selbst bestimmt und damit eben den neuen, aktivierten, partizipierenden Kunden der Kulturindustrie verkörpert, wie er für den Aufstieg der sogenannten Qualitätsserien so entscheidend ist. Melfi hat zwar feste Termine mit Tony, aber sie erkennt spätestens ab Staffel zwei ihre eigene Verwicklung, ihre Neugier, Sehnsucht gar, in dem nervösen Interesse für das Leben dieses Mannes.

Bei den Sopranos gibt es keine Position moralischer Überlegenheit innerhalb des Dramas. Es gibt keinen guten Polizisten, keinen sympathischen Detektiv, auch nicht den netten Mafioso, der nur ungern tötet. Selbst die Schlimmsten haben nette Momente, selbst die Vorzeigebarsten, scheinbar Vernünftigsten sind eigentlich komplett widerlich. Dies ist zwar keine absolute Singularität, aber wer sich klarmacht, dass die Deutschen selbst bei ihren Vergangenheitsbewältigungsdramen selten ohne den guten Nazi und den lieben SS-Mann auskommen, wird erkennen, dass die Verlegung einer möglichen moralisch erträglichen Position aus dem Plot heraus an einen klinisch externen Ort, nämlich die stets steril stille Praxis der Dr. Melfi, schon ziemlich radikal ist. Sie antizipiert einen in den späten neunziger Jahren erst langsam entstehenden Zuschauertypus, der eher sich selbst beim Zuschauen zuschaut, als in der spannenden Handlung, den visuellen Welträumen oder der Vertrautheit der Familienserien aufzugehen – ohne aber ganz der reine und komplett reflexive High-Art-Typ zu sein, für den es das Vergnügen, bei dessen Genuss es sich lohnt, sich selbst zu beobachten, gar nicht erst geben muss.

Nun handelt es sich beim Betrachter der SOPRANOS auf DVD – oder wie bei unsereinem noch bis zur zweiten Staffel: auf Videokassetten – nicht um einen vom schlechten Gewissen geschüttelten Protestanten. Wir haben keine Probleme mit Gewaltdarstellungen, wir identifizieren uns eh nicht mit Figuren eines Plots, wir verfügen eh über eine ästhetische Einstellung zu den Dingen – und wir sind ironisch. Doch indem wir uns wie Süchtige verhalten, zeigen wir, dass es einen Bruch in unserer Distanziertheit zu geben scheint. Dieser Bruch selbst ist die Sensation, die uns interessiert und die der normale, auf Sendetermine wartende Fernsehzuschauer alter Schule ebenso wenig gekannt hat wie der auf einen außeralltäglichen Reiz ausgerichtete Kinozuschauer. Im Alltag des Fernsehens und am Sonntag des Kinobesuchs haben wir gelernt, uns zu immunisieren, durch Aufklärung gegen kulturindustrielle Verführungen und Verblödungen ebenso wie, im Zuge allgemeiner Ironisierung, gegen große ästhetische Erschütterungen – aber nicht dort, wo wir selbst die Bedingungen unseres Konsums bestimmen. Kino und Fernsehen waren zwei Teile eines Zeitregimes; sie stellten sicher, dass wir zu vereinbarten Zeiten pünktlich zu Sendeterminen uns an verabredeten Orten einfanden und dass die Ausschweifung, das Abenteuer nur auf zwei Stunden begrenzt an bekannten, verdunkelten Orten stattfinden würde. Jetzt legen wir dies selber fest und in Abwesenheit externer Regeln entscheidet unsere Süchtigkeit. Diese Sucht ist an die Stelle von zentral organisierter Manipulation einerseits und Verführung zum Eskapismus andererseits getreten. Wir übernehmen sie selbst.

Die SOPRANOS bieten einerseits den süchtig machenden Stoff. Das heißt eine Narration, die die ganze Zeit von der unausgesprochenen Prämisse einer totalen Abschüssigkeit geregelt ist: Das kann alles nicht gut gehen. Einerseits. Und dass das andererseits alles ganz normal ist. Wenn das ganz und gar Normale, der Alltag selbst so auf gar keinen Fall gut gehen kann und sich in grandioser Talfahrt auf Katastrophen hinbewegt, die trotzdem nie endgültig sind, ist unser eigenes Normalitätserleben betroffen. Dass wir dessen katastrophale Bedrohtheit nicht als Fiktion ganz wegschieben können, liegt wiederum daran, dass wir selbst bestimmen, in welchem Maße wir sie in unseren realen Alltag hineinlassen, mithin in welchen Rhythmen und Frequenzen wir die DVDs oder die gerippten Dateien ansehen. Dadurch stellen wir selber eine Verknüpfung zwischen den um Homöostasie bemühten Aktivitäten unseres alltäglichen Lebens und denen des machiavellistischen Gangsters her, der eben in erster Linie auch nur will, dass die Dinge in Ruhe ablaufen. Gelingt es ihm, Phil Leotardo, Ralph Cifaretto oder Richie Aprile auf Distanz zu halten und zu kontrollieren, dann gelingt es uns auch.

Doch kann es uns nur gelingen, wenn wir nicht zu süchtig werden. Unsere Souveränität binden wir an eine der ästhetischen und inhaltlichen Unabhängigkeit, der erwähnten aufgeklärten Ironie: Und nun ist da jemand in der Erzählung, der genau unser Problem hat. Doktor Melfi ist süchtig nach der nächsten DVD, die ihr in Form von Tonys Erzählungen mitgebracht wird (*House Arrest*, TS 2.24). Sie trinkt an den Tagen, an dem sie ihn in der Sprechstunde erwartet, unmäßige Mengen Alkohol. Dass sie mittlerweile selber auf dem Wege ist abzurutschen, wird anhand eines Abendessens mit ihrem Sohn erklärt. Sie reagiert nicht nur mit flauen Witzen, als er ihr von seinem Studium erzählt – er belegt ein Lacan-Seminar –, sondern fällt vollends aus der Rolle, als eine andere Restaurantbesucherin raucht (damals und an diesem Ort noch legal) und Melfi nach einem leicht angesoffenen, lautstarken Wortwechsel aus dem Lokal geworfen wird. Ihr eigenes Geschäft – Psychoanalyse – taugt nur noch für müde Witze, Suchtverhalten bei anderen aber alarmiert sie. Bogdanovich rät zum 12-Punkte-Programm der Anonymen Alkoholiker.

All Due Respect

Struktur versus Linie / Film versus Fernsehen

In Tony Soprano und Dr. Melfi begegnen uns aber nicht nur der süchtig machende Kern der SOPRANOS und das spezifische Geheimnis ihrer Verknüpfung mit dem Leben des Zuschauers. Dieser Kern wäre die Identifikation *contre coeur* mit dem machiavellistischen Alltagsgeschäft des für Ordnung sorgenden, männlichen, genießenden Herrschers und seiner Neurose, und die Verknüpfung läuft über die nur zum Teil gelingende rationalisierende Distanzierung einer impliziten Zuschauerin, mit der wir uns dann ebenfalls identifizieren können, wenn es dem *coeur* zu viel wird. Uns begegnen darüber hinaus noch einmal die beiden Bewegtbild-Formate, die sich während der zweiten Hälfte des 20. Jahrhunderts um die Herrschaft über das *moving image* gestritten haben und dabei doch als zwei sich ganz wundervoll ergänzende ideologische Staatsapparate funktioniert haben: Kino und Fernsehen.

Die SOPRANOS sind vielleicht die erste Serie, die vorauseilende Versuche des Fernsehens – im weitesten Sinne – filmischer zu werden, wie David Lynchs TWIN PEAKS, Rainer Werner Fassbinders BERLIN ALEXANDER-PLATZ oder Samuel Fullers DEAD PIGEON ON BEETHOVEN-STRASSE (oder überhaupt der ganz frühe TATORT), auf

47

den Boden nicht nur kultureller und sozialer Verschiebungen, sondern auch technischer Neuerungen stellen konnte: immer größere und besser auflösende Endgeräte bis zu Heimkinos mit Beamern kamen in den Neunzigern verstärkt auf und verlangten nach Bildern. Das Bezahl-Fernsehen stellte sich darüber hinaus kulturell und ökonomisch neben das Arthouse-Kino: Es musste besondere und spezifische Anreize bieten, konnte nicht darauf rechnen, mangels Alternative von der stumpfen schweigenden Mehrheit angeschaltet zu werden, die damals noch kein eigenes Christen- oder Unterschichtenfernsehen kannte, sondern auch in den USA in den mittleren Neunzigern noch so etwas wie einen Mainstream bildete, der sich in Talk-Formaten, Sitcoms, Sportübertragungen und Newsshows konfigurierte – der Rest lief auf Kabelstationen und war in der Regel schon vorproduziert worden oder Spezialistenkram: alte Filme, Regionalfernsehen, Prediger.

Wer sich ein Abo holen sollte, musste mit Attraktionen gewonnen werden, die dem alternativlosen Vorder-Glotze-Hocken des Unterschichtstrottels das selbst gewählte Cocooning der sich langsam aus Hardcore-Punk-Öffentlichkeiten zurückziehenden Pärchen gegenüberstellen würde. Material für diese Zielgruppe kam zwar zunächst vor allem noch aus den dialoglastigen und bilderarmen Genres des traditionellen Fernsehens: SEINFELD und ALLY MCBEAL verhandelten die neurotischen Nöte postfordistischer städtischer Seelen in halsbrecherischen Dialogen, Ebenenwechseln, Assoziationssprüngen. Fast konnte man auch diese Produktionen eines ersten Hipster-Fernsehens (das zugleich auch den Massen Spaß machte) noch aus dem Nebenzimmer verfolgen wie ein Radioprogramm – wie man das früher mit Fernsehen machte. Doch schon ALLY MCBEAL griff auf eine andere Neuerung des Fernsehens der achtziger und neunziger Jahre zurück: das langsame Selbstverständlichwerden jenes »Surrealismus ohne das Unbewusste«, den Fredric Jameson im Genre des Musikvideos erkannt hatte. Gewissen und Begehren inkarnierten sich als reale Personen in der Ontologie des Fernsehrealismus, musikalisch organisierte Sequenzen konnten jederzeit andere, früher obligatorische Konstanten des Erzähl- und Dialogfernsehens suspendieren: Träume wurden wahr, Gospelchöre traten inmitten von Gerichtsverhandlungen als musikalisierte Verkörperungen jenes Über-Ichs auf, das in amerikanischen Filmen sonst immer schwarze Vorgesetzte verkörpern.

Auch die SOPRANOS benutzen eine Menge der vom Musikfernsehen gewonnenen Erzählmöglichkeiten: Die heroininduzierten introspektiven Momente des späten Christopher Moltisanti in der sechsten Staffel, die von »The Dolphins«, einem wundervollen sentimentalen Song des leider vergessenen Folksters Fred Neil zusammengehalten werden (*The Ride*, TS 6.74). Desselben Christophers langsame und zunächst zweifelhafte Rekonvaleszenz in *From Where To Eternity* (TS 2.22), eingeleitet und vierzig Minuten später beschlossen von Otis Reddings »My Lovers Prayer«. In ähnlicher Weise rahmt »I Saved the World Today« die der als Hochzeit geplanten und in einem tödlichen Wutanfall endenden Beziehung von Janice Soprano und Richie Aprile gewidmete Episode *The Knight in White Satin Armour* (TS 2.25): ein Lied von den normalerweise eher grauenhaften Eurhythmics, das in dieser Verwendung eine unerwartete, sarkastische Schönheit gewinnt. Aber, ob die von Musik zusammengehaltenen oder intensivierten Szenen nun für ein Innehalten stehen oder eine Steigerung einer dramatischen Situation, es gibt keinen Surrealismus bei den SOPRANOS: Musik, und zwar meistens Songs oder Arien, also Musik mit Text, liefert viele Gelegenheiten, ambivalent kommentierende Stimmen einzuführen und personenunabhängige Emotionen aufzufahren – jede Abweichung vom Realitätsprinzip wird hingegen sofort dingfest gemacht und an Dr. Melfi oder anderen Vertretern und Vertreterinnen ihres Standes übergeben. Es gibt ausufernde Träume, ganze tief in das Seelenleben hinabsteigende Wendeltreppen, die aber immer als Träume markiert sind (etwa die brillante Episode *The Test Dream*, TS 5.63).

Was die SOPRANOS hingegen neu einführen in das Fernsehen, ist tatsächlich ein über weite Strecken filmisches Erzählen, das auf ausgearbeiteten Bildern basiert, sich nicht auf Schuss/Gegenschuss beschränkt, sondern in großzügiger Weise (städtische) Landschaften exploriert und äußere Bewegungen jenseits der üblichen Verfolgungsjagden als innere Bewegungen ausbreitet, dabei virtuos mit Zeitmanipulationen arbeitend, Stillständen, Zeitlupen und brachialen Montagen, die wie surreal daherkommen, aber immer nur die Extrema einer als real gesetzten und als einheitlich gedachten Ontologie ausreizen: hohe Geschwindigkeiten und Krankenbett, vertraute Freundlichkeit und rohe Gewalt – wie viele besonders gewalttätige Morde beginnen mit angebotenen Speisen und Getränken! – und vor allem die behüteten Kindheiten von Meadow und A.J. Soprano und die Todesnähe anderer ihnen nahestehender Gleichaltriger wie Brandon und Jackie jr. So wie in THE GODFATHER von Al Pacinos Teilnahme an der Hochzeitsfeier zu den Morden geschnitten wird, die er gerade anordnet, wird bei den SOPRANOS zwischen Meadows sicherem und dem todgeweihten Leben ihrer Peers hin- und hergeschnitten. Musikvideos tragen den Traum in den Alltag und markieren diesen als unbegriffen, Coppola vervollständigt den mehrteiligen Mafia-Mythos aus Katholentum, Bigotterie und geiler MP-Entladung in konkurrente Körper, die SOPRANOS aber spielen in *einer* Lebenswelt, in *einem* Alltag: Der Alltag selbst, sein vermeintlicher Holismus, seine Stimmigkeit sind der Abgrund.

Trotz Surrealitätsverbotes gibt es eine ständige Auseinandersetzung zwischen der filmisch erzählten und musikalisch kommentierten abenteuerlichen Welt der Motion und der Emotion und der anderen Welt der Fernsehdialoge, der Schlagfertigkeit und der Drehbuchintelligenz. Auch diese Auseinandersetzung moderiert Dr. Melfi, und die Schleuse zwischen diesen gegensätzlichen filmischen Spaces stellt ihr Office dar.

Tony sitzt unruhig mit seinem voluminösen, zu schweren, aber eben auch zu bewegten Körper auf diesen Sesseln der Seele. Er hält die verordnete Stille nicht ganz ein. Er erzählt von unverstandenem Leben, von sich, seiner noch viel unverstandeneren Energie, seinen heftigen Intentionen. Es sind alles Elemente des Abenteuerkinos, die er vereinzelt und verstümmelt ausstößt, oft aggressiv, auch sarkastisch, elliptisch, verfälscht, aber den Zuschauern bekannt als abenteuerliche Momente und Verkettungen. Tony sagt: Energie, Intensität, Linie, Körper, Ich! Melfi aber antwortet: Struktur, Muster, Wiederholung.

Langsamkeit I: Unterbrechung

Fernsehserien haben von Struktur, Muster und Wiederholung gelebt wie ein Analytiker an einem regnerischen Tag, weil sie in den ersten Jahrzehnten ihres Bestehens erst einmal Vertrauen herstellen mussten, Grundlagen schaffen. Die Zuschauer sollten an diese eigentümliche Unterhaltungsform herangeführt werden, die nicht mit Attraktionen warb, sondern mit deren Gegenteil: Wiederholungen, Verlässlichkeit. Er nu wieder. Peter Frankenfeld. Die Familie.

Doch seit einiger Zeit schon sind die fernsehästhetisch naheliegendsten Formate – Familienserien, auch Serien mit überschaubarem postfamilialem Personal (FRIENDS, SEINFELD), Courtroom-Serien und andere bildschwache, oft kameradumme dialoglastige Formate – nicht mehr dazu da, dem Alltag des Publikums ähnlich zu sein. Vater ist nicht mehr der Beste, nur weil das bei der Familie, die vor der Kiste sitzt, zumindest theoretisch auch so sein soll. Stattdessen stehen gerade die Serien des Dialogs für Unterbrechung statt für Ähnlichkeit: Man will sich das viel zu schnell den ganzen Tag unbegriffen an einem vorbeirauschende Leben noch einmal in Ruhe anschauen. Courtroom und Psychoanalyse-Sitzung sagen: Halt ein, bewegtes Bild! Halte ein, bewegtes Leben! Ich möchte Dich verstehen, mein Leben geht viel zu schnell. Während drumherum im Kino und im Qualitäts-TV das Verdichtungs- und Beschleunigungsgebot des Trips, des Rausches herrscht, gibt es hier das realitätsfremde Anhalten des Alltags – nicht als Traumwelt, nicht als Eskapismus, nicht als Bestätigung vorhandener Weltbilder, sondern als Antwort auf die Hilferufe der Überforderten.

Die SOPRANOS bieten beides, beziehungsweise setzen beides ins Verhältnis. Zum einen die abschüssig gewordene Normalität, die in die Panikattacke krachende, unverstandene, hochdynamische Lebenslüge, zum anderen die analytische Unterbrechung. Nicht nur für Tony, der bei Dr. Melfi auf dem Ich-Stuhl ächzt, auch für Melfi, wenn sie zu Elliot Kupferberg geht und von diesem aus unbestechlichen skeptischen Augen angestarrt wird. Irgendwann sind auch Meadow, A.J. und Carmela bei diversen Shrinks untergebracht; nur Paulie Walnut ist zu *old school* abergläubisch dafür: Er versucht es lieber mit einer Séance. Eine andere HBO-Serie, IN TREATMENT, besteht ausschließlich aus diesen Unterbrechungen, sodass man sich die ganzen filmischen, außertelevisuellen Abenteuer, die in der Unterbrechung der psychoanalytischen oder therapeutischen Sitzung verarbeitet werden, hinzudenken muss. Rodrigo García, der Sohn von Gabriel García Marquez, der die ursprünglich israelische Serie IN TREATMENT für die amerikanische Fassung adaptiert hat, war denn auch schon Regisseur bei einer Folge der SOPRANOS.

In den SOPRANOS werden wir in der Therapie auch Zeugen der doppelten Buchführung. Am deutlichsten vielleicht in Tonys allerletzter Sitzung bei Melfi nach seinem vielleicht abgründigsten Verbrechen: dieses erleben wir dreimal. Wir sehen seiner Ausführung zu. Wir erleben eine erst entschuldigenden Darstellung gegenüber Melfi, in deren Verlauf Tony dann aber jede Zurückhaltung aufgibt, den Mord zugibt und rechtfertigt, bis sich die Szene als ein Traum entpuppt. Und wir sehen schließlich den realen hochverlogenen Dialog mit Melfi.

Träume sind ein verbreitetes Mittel, die verschiedenen Selbsterklärungen, die unterschiedlichen seelischen Haushaltsführungen der Agierenden vorzuführen. Sie sehen den filmischen, abenteuerlichen, dynamischen Szenen der Serie ähnlich. Oft treiben sie die Abschüssigkeit ins Extrem, die die ganze Zeit für Tempo und Empathie sorgt. So kommt es, dass manche real gemeinte Szene so wirkt, als müsste gleich jemand aufwachen. Aber Pussy Bompensiero wacht nicht auf, als er in einer Irrsinnsverfolgung versucht, dem FBI selbstmörderischerweise zuzuarbeiten. Zeitlupe und Ultrazeitlupe, immer schon Mittel des New Yorker Realismus, aber auch der Markierung eines Geschehens als geträumt, ragen oft in die reale Welt unserer Gangster hinein, türmen eine Situation als unbeherrschbar, aber auch als klar erkennbar monströs, vor ihnen auf, in die sie hineinrasseln, die ganze Zeit schon hineinrasseln – wie mehrere Male der von Steve Buscemi in der fünften Staffel verkörperte andere Tony, Tony Blundetto. Dieser Mann hat jeden Plan, jede Diszipliniert- und Entschiedenheit aufgeboten, die ein Ex-Convict braucht, um sich aus dem Sog der Mafiafamilie zu befreien – und rutscht dennoch seinen ganz individuellen Abgrund langsam und sicher hinunter.

Reden und Wi(e)derreden

Die *Talking Cure* mit ihren Stillständen, ihrem quälenden ergebnisoffenen Schweigen ist also das Gegenteil dieser Traum- und Schicksalsverdichtungen. Das Behandlungszimmer von Dr. Melfi wird inszeniert und ausgeleuchtet wie ein moderner kultischer Ort. Keine Frage, hier arbeitet ein Shrink, ein nicht ganz geheurer Heilberuf. Hier werden Unterbrechungen gewährt, die anderswo die Gerichtsverhandlung oder der Kirchenbesuch erlauben. Hier wird aber auch ein Prinzip geboren und immer wieder vorgeführt, das eine wichtige Komponente der SOPRANOS-Weltanschauung darstellt: das Nachsprechen, das Wiederholen, das unverstanden Auswendige. Wenn Tony eine gelungene Formulierung hört, merkt er sie sich und wiederholt sie bei passender Gelegenheit. Der Ort, an dem uns das immer wieder vorgeführt wird, ist Dr. Melfis Praxis, in mancher Hinsicht sein Laboratorium. Hier werden schließlich auch Ehebrüche und Morde, mal offen, mal verklausuliert, vor- und nachbereitet. Entweder hört er Melfi etwas sagen, das er später anderswo wiederholt, oder er versucht, Melfi mit einem anderswo aufgeschnappten Aperçu zu beeindrucken. Nicht selten amüsiert sich das Drehbuch über seine Unbildung – er war nur ein Semester im College. Er erklärt Melfi, dass das Altersheim, das er für seine Mutter ausgesucht hat, eher eine luxuriöse Residenz als ein Heim sei. Sie antwortet, das höre sich an, als wäre es ein Hotel in Cap d'Antibes. Später Tony zu seiner nicht überzeugten Mutter: »Dies ist kein Altenheim, dies ist wie ein Hotel von Käpten Tieb.« Carmela: »Wer ist das?« Tony: »Keine Ahnung, irgend so ein Typ mit einer Hotelkette.«

Natürlich kann Tony keinen der Deutungsvorschläge Melfis einfach so akzeptieren. Er ist ein schwieriger Patient und leistet zähen Widerstand: ist aggressiv und stellt regelmäßig die Therapie selbst infrage. Wenn sie aber das letzte Wort behält, merkt er sich das und wartet auf Möglichkeiten, später zu widersprechen oder ihre inneren Widersprüche aufzudecken. Oder er lässt die vermeintlichen Demütigungen, die er erfahren hat, wenn sie ihm eine Wahrheit unwidersprochen beibringen konnte, an anderen aus und weist Christopher zurecht: »Think, Christopher! You have to think before you act.« Und Christopher geht nach Hause und herrscht Adriana an: »Think, Adriana!«

Krankenhäuser und Beerdigungen

Aber diese Serie adaptiert nicht nur und übernimmt eine
Menge von dialogbezogenen anderen Fernsehformen, die
dem Neuigkeitswert ihres filmischen Ehrgeizes eigentlich
im Wege stehen müssten, sie schlägt auch über die Psycho-
analyse-Serie hinaus weitere neue Formate vor. Die neben
Melfis Zweiergesprächen wichtigste Unterbrechungs- und
Verlangsamungsgattung sind die zahllosen Beerdigungen,
hauptsächlich von Opfern aus den eigenen Reihen oder
zumindest solcher, die offiziell zu den eigenen Reihen gehören. Meistens sind diese im offenen Sarg aufgebahrt,
der auf einer Art Bühne am Kopfende eines mittelgroßen
Kino- und Theater-ähnlichen Raumes steht. Die Farbe
Rot dominiert die Samtüberzüge und Teppichböden.
Beerdigt werden Menschen aller Geschlechter, Lebens-
alter, hoher und niedriger Ränge. Immer gibt es neben
den professionell Trauernden eine hemmungslos Schluch-
zende, oft eine Mutter, die sich, wenn sie Pech hat, Tonys
Standardspruch »It's sad when they go so young« anhören
muss. Oder eine Ehefrau, Geliebte. Diese Beerdigungen
werden selten als bigott angeprangert. Es geht nicht darum
zu zeigen, dass ihr sozialer Ereigniswert gleich wieder zu
Verabredungen und Verschwörungen genutzt wird, ob-

wohl das vorkommt. Eine skurrile Ausnahme bleibt auch das Interesse, das Tonys größter Widersacher aus der ersten Staffel und spätere Nemesis Corrado Soprano (Uncle Junior), der Bruder seines verstorbenen Vaters Johnny, an Beerdigungen gewinnt. Der ist nämlich, während ein langwieriges Verfahren gegen ihn läuft, zu Hausarrest verurteilt (mit elektronischer Fußfessel), den lediglich Beerdigungen von Verwandten unterbrechen dürfen: Junior studiert daraufhin die Todesanzeigen genau und erfindet zu immer mehr Verstorbenen familiäre Beziehungen, die es ihm erlauben, vorübergehend seinem suburbanen Rentnerelend zu entkommen. Nein, die vielen Beerdigungen dienen, ähnlich den selteneren Geburtstagen und Grill-Nachmittagen, dazu, in Ruhe nochmal das aktuelle Personal Revue passieren zu lassen, die Häupter der immer zahlreicher werdenden Charaktere zu zählen, ihre Gesichter zu studieren, sie als Tableaux vivants aus dem dynamischen filmischen Fluss herauszuziehen, ohne dass sie sich gleich wieder in schlagfertigen Dialogen beweisen müssen.

Jedenfalls ist die Vorstellung nicht abwegig, dass diese oft sehr filmischen, zahlreichen Studien in Gesichtern, inneren Gemütsbewegungen und großen Gefühlen gerade im Verlauf der SOPRANOS die Idee für eine Serie wie

SIX FEET UNDER lieferten. Ein solcher Vorbildcharakter liegt bei den Krankenhausszenen sicher nicht vor, denn Krankenhausserien hatten schon, und das ganz besonders zur Entstehungszeit der SOPRANOS, die komplette Dominanz des unbezahlten Fernsehens in den USA und Europa übernommen. Daher werden zwar Sterbe- und Genesungsprozesse von Soprano-Charakteren (Jackie Aprile, Christopher, Mutter Livia, Uncle Junior, Johnny Sack, Phil Leotardo etc.) immer wieder ausführlich im schauspielerfreundlich dramatischen Licht von Krankenhausfluren inszeniert, aber die SOPRANOS warten bis zum Beginn der sechsten Staffel, um für drei ganze Folgen komplett zu einer Krankenhausserie zu werden.

Doch zugleich ist bei diesen drei Episoden auch der Traum-Surrealismus auf seinem Höhepunkt – an der Relation zwischen äußerer Krankenhaus- und innerer Erlebnisdichte war früher schon gearbeitet worden. Unterbrechung, Verlangsamung, Durcharbeitung führen dazu, dass nach kürzester Zeit das vorübergehend stillgestellte, aber umso mehr innerlich getriebene, filmische Action-Begehren der Serie sich verselbstständigt und ins Kraut schießt. Und wir erinnern uns an die Anti-Lynch- und Anti-ALLY-MCBEAL-Gesetze dieser Serie, die nur im Falle des ausgewiesenen Traums die kurzfristige Aufhebung der Naturgesetze und einer sequenziell narrativen Realität erlauben. Immer mühsamer muss nun diese Vernunft der Drehbuch- und Plot-Rationalität diese wild gewordenen Irrfahrten des Innenlebens – meistens das von Tony, aber uns werden auch Träume von Christopher, Melfi und anderen serviert – dadurch in den Griff kriegen, dass sie diese rechtzeitig von irgendeiner äußeren Realität (Weckern, Beatmungsgeräten, Polizeisirenen) kappen lässt. In der dritten Episode der sechsten Staffel wäre es fast danebengegangen.

Langsamkeit II: Zuwachs der Erzählung

Zugleich realistisch und surreal, zugleich filmisch und fernsehhaft können die SOPRANOS sich vor allem deswegen entwickeln, weil sie das filmische Begehren mit dem ausstatten, über das nur das Fernsehen im Überfluss verfügt: Zeit. Als ein auf Wiederholungen und Amortisierung in oft ferner Zukunft gebautes Medium kennt das Fernsehen eine ganz spezifische *longue durée*, die normalerweise damit gefüllt wird, dass sie nicht gefüllt wird. Der immer wieder frei werdende Zeitraum wird mit der Erfüllung einer Struktur ausgestattet, nicht dem Nacheinander einer Erzählung – dies nur in Ausnahmefällen.

Neulich sah ich einige alte Episoden von THE ROCKFORD FILES. Als DETEKTIV ROCKFORD – ANRUF GENÜGT war dies auch in Deutschland eine beliebte Serie, eine der wenigen US-Produktionen der siebziger Jahre, die lange bevor dieser Ausdruck einen Sinn bekam, um ihn bald wieder zu verlieren, ein Kult-Publikum hatte: also eine spürbare, zahlenmäßig relevante Verehrung genoss, die aber nicht massenkulturell relevante Zahlen hervorbrachte – und seinerzeit auch noch keine hochkulturell relevanten Qualitätsurteile. Die Episoden um den charmanten Outlaw-Privatdetektiv, dessen Rolle, verkörpert von James Garner, vor allem davon lebte, dass und wie dieser in alle möglichen fremden Alltagsrollen schlüpfte, die er stets leicht parodierte, um sich Zutritt zu verbotenen Büros, Labors und Privatwohnungen zu verschaffen, waren auch – und das war wohl ein absolutes Novum im damaligen Prime-Time-TV – ausgesprochen filmisch. In einer Episode wollen Rockford und eine Assistentin eine Übergabe von Geld oder Unterlagen an einem Treffpunkt in der Wüste überwachen. Minutenlang sieht man Autos aus verschiedenen Perspektiven die gleiche Wüstenpiste in unterschiedliche Richtungen entlangfahren: Rockford, die Assistentin, die beiden Verbrecher, dann wieder Rockford wartend im Auto, die Assistentin durch Gegenschnitt erkennbar als offensichtlich auf die Straße schauend. Minutenlang kein Sterbenswörtchen Dialog – die ganze Erzählung exponiert lediglich filmische Mittel bis zum funktionslosen Luxurieren in deren Surplus, dazu wunderschöne Ed-Ruscha-artige Interpretationen der späten Landschaftsmalerei eines Georges Braque: Landschaften aus drei übereinanderliegenden Farbfeldern, Wüste – Straße – Horizont, dann ein blaues Auto.

Wozu diese Abschweifung zu einer mittlerweile weitgehend vergessenen Fernsehserie? Der Producer von 67 und Drehbuchautor von über 20 ROCKFORD-Folgen war der Creator und Showrunner der SOPRANOS: der junge David Chase, ein Fernsehhasser und Filmfan in seinen späten Zwanzigern, der irgendwie nun doch beim Fernsehen gelandet war und versuchte, so viel Monte Hellman wie irgend möglich in dieses Charme-Vehikel für James Garner reinzupumpen. Was er dabei gelernt haben mag, war vielleicht weniger, wie dies trotzdem geht (damals, als das eigentlich noch gar nicht ging): Kino machen für das kleine Wohnzimmermöbel. Was er gelernt haben mag, war vielleicht, wie viel man aus dem Fernsehformat herausholen kann, wenn man nur genügend Zeit hat, wenn man nur genügend Infos über einen Charakter akkumulieren kann.

Vielleicht kann man ja als ultragroben Mittelwert aus hundert Jahren Erzählkino die folgende Formel verabschieden: Ein durchschnittlicher Roman von, sagen wir, 200 Seiten ergibt 90 Minuten Film. Bei einer Lesegeschwindigkeit von 4 Minuten je Seite wären das 13 Lesestunden, die zu 90 Filmminuten werden, also etwa eine Reduktion auf ein Zehntel. Natürlich kann man immer die zerstreutere, freiere, offenere, gelassenere Rezeption Lesender mit der gefesselten und durch hohe Auflösung gelenkten Rezeption von Kinozuschauern für unvergleichbar erklären. Es bleibt aber der Umstand, dass das Kino – und nicht das konventionelle Fernsehen, das stattdessen oft nahe dran ist, in Soaps, Sitcoms und anderen typischen Produkten in Echtzeit zu erzählen – eine Reihe von visuellen Erzähltools entwickelt hat, die elliptisch und dynamisch verkürzen, verdichten und beschleunigen. Was passiert aber, wenn eine Fernsehserie, also das Format fürs Schneckentempo, in Kino-Speed erzählt, aber dennoch die Zeit hat, die normalerweise nur ein Dialog um nichts und wieder nichts bekommt, wie ihn das reguläre Fernsehen produziert: also in diesem Fall über 80 Episoden à circa 1 Stunde – was nach der oben vorgeschlagenen

Konvertierungsformel weit über 10.000 Seiten wären. Was kann man da alles erzählen, selbst wenn man die notwendigen und liebenswerten Redundanzen herausnimmt: eine an einer Runde Billard spielender Männer im Hinterzimmer des Bada Bing vorbeigleitende Kamera, eine um die Tanzstange sich herumwindende Barbusige als Establishing-Shot-Ersatz, ein weißer Morgenmantel von hinten als Chiffre für eine lange Nacht und einen Hangover.

Man kann zunächst jeder kleinen und kleineren Nebenfigur individuelle Geschichten angedeihen lassen. Ist Paulie Walnut nicht geradezu definiert dadurch, geheimnislos, ein bisschen mies, ein bisschen geizig, aber zuverlässig seinen Dienst zu tun? Sag das nicht! Gut, die Geschichtchen mit seiner Mutter und seiner Tante muss man nicht interessant finden (dass irgendein Urkatholenmuff mit Mama in seinem Oberstübchen spukt, ist eh klar). Aber seine Begeisterung für das seltsame Porträt mit Rennpferd, das Tony irrerweise im Laufe der vierten Staffel von sich malen lässt, eröffnet einen interessant verstörenden Blick auf seine einsame Adjutantenseele. Tony war damals über beide Ohren in das Rennpferd Pie-O-My verliebt (die perfekte Synthese aus den dunklen, eigensinnigen, suizidalen Frauen, die er zur Comare zu nehmen pflegt, und den Wildenten in seinem Pool, die ihn so rühren, dass er eine Panikattacke bekommt) und ließ sich mit dem Pferd malen. Nach dem tragischen Tod des Tieres wirft er den wertvollen Schinken weg, Paulie zieht das Gemälde aus dem Müll, lässt es überarbeiten und aus der Tony-Figur einen unfreiwillig komischen Feldherren machen. »So ne Art Napoleon«, meint er sehr viele Folgen später, als Tony dieses Bild bei Paulie entdeckt: Ein Moment abgründiger Verwirrtheit auf beiden Seiten folgt; Gesichtsausdrücke, wertvoller als die von Arbeitern beim Hören von Versen des todessüchtigen Benn. Tony verlangt schließlich die Vernichtung dieser Entblößung seiner mehrfachen Schwäche: der Liebe zu einem Tier, dem verdruckst gehegten Ich-Ideal Feldherr, der Eitelkeit sich malen zu lassen, der zerbrochenen Liebe zu der Frau, die ihn mit dem Maler bekannt machte: Valentina La Paz.

Man kann aber auch – und das ist dann erzähltechnisch ein noch größerer Gewinn – ganz von der Konvention einer einmal eingeführten Geschwindigkeit ablassen, die sonst für jedes Genre des Erzählfilms beschlossen scheint (und allenfalls mal eine einzige Abweichung, ein anderes Tempo erlaubt). In den SOPRANOS gibt es nicht nur, wie bisher hier antagonistisch gegenübergestellt, Abenteuerkino und Dialogfernsehen, es gibt auch die ganz spezifischen Eigengeschwindigkeiten anderer Genres und mindestens eine Neuerfindung. Von den mit Zeitlupen hochgepuschten maximalen Spannungsmomenten, in denen das Fatale und Abschüssige als Epiphanie den Beteiligten klar wird, habe ich schon gesprochen. Es gibt aber auch die Verbindung zu den genrefizierten Nahtod-Erlebnissen des Film noir.

Jeder zweite der großen Noirs der Vierziger ist bekanntermaßen der Lebensrückblick eines Sterbenden. Ein Angeschossener taumelt durch ein Art-Déco-Zimmer, Blut tropft aus der Schusswunde und dann überkommt ihn die Erinnerung an ein zunächst unbeschädigtes Leben, in das dann leider jene Femme fatale – etwa Barbara Stanwyck – tritt, die für seinen jetzigen Zustand verantwortlich ist. Auf die Spitze getrieben ist dieses Echtzeit-Prinzip, das davon ausgeht, dass uns in etwa eine Spielfilmlänge bleibt, um unser Leben ein letztes Mal zu reflektieren, in dem Film SORRY, WRONG NUMBER von Anatole Litvak, wo Barbara Stanwyck, diesmal als Opfer, zu Beginn telefonisch mitgeteilt wird, sie werde in 125 Minuten sterben, worauf die übliche Reflexion sich mit Versuchen mischt, das Schicksal noch aufzuhalten, doch vergeblich. Der deutsche Titel hat keine Probleme, alles zu verraten: DU LEBST NUR NOCH 125 MINUTEN, überflüssig zu sagen, dass das genau die Filmlänge ist. Ein frühes Gegenstück hierzu ist sicher der

Proto-Noir Two Seconds von Mervyn LeRoy mit Edward G. Robinson, dessen Erzählung mit dem Umlegen des Schalters beginnt, der den tödlichen Stromstoß durch den schon auf dem Stuhl festgeschnallten armen Edward G. jagt. Ein die Hinrichtung verfolgender Arzt stellt die Behauptung auf, dass die objektiven zwei Sekunden zwischen Stromstoß und Exitus im Kopfkino des Sterbenden subjektive 90 Minuten dauern.

In der ersten Episode des zweiten Teils der in zwei Segmenten veröffentlichten sechsten Staffel (*Soprano Home Movies,* TS 6.78) unterhalten sich Bobby »Bacala«, Juniors ehemaliger Leibwächter und jetziger Ehemann von Tonys Schwester Janice, und Tony bei einem zunächst recht entspannten Familientreffen auf dem Land – »Ah, the good life, isn't it?« – darüber, wie das wohl sein werde, wenn der Tod kommt, ob man die Kugel hört, bevor sie einen erwischt oder eben nicht. Die ewige Gangsterfilm-Frage, ob der zum Töten bereite Krieger, denn das sind unsere Freunde in Tonys legitimatorischer Rede ja immer, Soldaten und keine Verbrecher, eine andere Kontrolle über seinen eigenen Tod hat als der Zivilist, wird mit der immensen Kenntnis von Todessituationen beantwortet. All diese Leute haben so viele Sterbeszenen gesehen, selbst verursacht, sich erzählen lassen und sind von so vielen

Kugeln beinahe ereilt worden, dass ihre Phantasie diesbezüglich niemals stillsteht. Der »Tod« der Sopranos, das berühmte Ende der Serie beantwortet die Frage, indem es eine ewige Hölle auf Erden als niemals endenden Moment vor dem Sterben avisiert. In dieser ebenso berühmten wie umstrittenen Schlussszene der gesamten Serie wird immer wieder suggeriert, dass ein neuer Gast des Lokals, in dem die Familie zu Abend isst, ein Killer sei, dass jeder Gegenschuss nach einem Bild von Tonys Gesicht, ein Mündungsfeuer zeigen werde, dass jedes Türgeräusch das Eintreffen des Todes bedeute – und dass das Leben nun immer so weitergehen werde. Im Bewusstsein des unmittelbar bevorstehenden Todes fürderhin und unbestimmt lange leben zu müssen – das ist das Urteil über die Sopranos.

Aber nicht nur diesen radikalen Entwurf eines Hades kann uns die nachkonventionelle Zeit- und Erzählökonomie der Serie nahebringen. Ihre vielen Abzweigungen in Nebengeschichten und ihre Verdichtungen in Traumsequenzen sowie deren Verarbeitung in therapeutischen Sitzungen bereiten auch ein weiteres Subgenre vor: die in sich geschlossenen kleinen, filmischen Meisterwerke.

Kleine Fluchten

Auch diese in sich geschlossenen Folgen sind allerdings in die Zeitökonomie der Serie eingebaut und zwar in die der Staffel. So beginnen die Staffeln mit ereignisdichten Episoden, die in den neuen Stand der Konflikte einführen, und sie enden mit der Akkumulation von Problemen und deren Dynamisierung zu jener sogartigen Abschüssigkeit hin, von der schon die Rede war. In Folge vier bis acht sind dagegen Abschweifungen möglich, konzentrierte Einblicke in einen Nebenkriegsschauplatz, die aber zugleich dafür zuständig sind, Charakterdetails und Charakterdichte auf den Konten der Hauptpersonen abzulegen. Darüber hinaus setzen sie filmische Werte, sie öffnen das Terrain; nicht nur zu spezifischen, anderen Landschaften wie Wäldern am anderen Ende von New Jersey, nach Florida, weil polizeiliche Verfolgung droht, oder via Napoli zu Sehnsuchtsorten in Italien, sondern auch zu anderen urbanen Szenarios (Gestüt, Campus, Hollywood, Paris). Außerdem haben hier große Regiegäste die Möglichkeit, ein eigenes, oft bizarres oder ungewöhnliches filmisches Kleinod abzuliefern.

Am berühmtesten und von der Gemeinde über die Maßen geschätzt ist die von Steve Buscemi inszenierte

Geschichte von Paulies und Christophers Verloren-
gehen in den winterlichen Waldgebieten der *Pine Barrens*
(TS 3.37), wo ihnen ein zu ermordender Tschetsche-
nien-Veteran abhandenkommt, dazu Schuhe, Nahrung,
Wärme – bis sie zu Beckett-Figuren runterreduziert nur
noch senil brabbeln, vor Kälte zitternd, im Auto keifen
und sich die letzte Nahrung streitig machen. Aber auch einige ambitionierte Autoren der Serie, etwa Christophers
Darsteller Michael Imperioli, nutzen diesen Typus von
Episode für allerlei Experimente. In *Christopher* (TS 4.42)
geht es nicht um die von Imperioli gespielte Figur, sondern
um den Entdecker Amerikas – dessen Gedenktag wollen einige Nachfahren der Ureinwohner des Kontinents
nicht mehr feiern. Die Mafiosi sehen sich in ihrer Ehre
gekränkt und ein Ethnizistengefecht bricht aus, im Zuge
dessen alle Einigkeiten zerbröseln. Der jüdische Mafioso
und Rock'n'Roll-Produzent Hesh sieht unangemessene
Holocaust-Vergleiche am Werk, wenn ein exilkubanischer
Mafioso Castro mit Hitler vergleicht, Italo- und Hispano-
Amerikaner geraten aneinander. Später wird die eher bür-
gerrechtlich-links argumentierende Meadow sogar ihren
Multikulturalismus einsetzen, um die Mafia als Reaktion
auf die Verfolgung der Italo-Amerikaner zu exkulpieren.

Und Tony hasst das alles so: Denn er zeigt zwar in einem seiner wenigen Erziehungsversuche dem lethargischen Sohn, welche gewaltigen architektonischen Leistungen italienischer Einwanderer noch heute in New Jersey zu besichtigen sind, und ist überzeugter Italo-Amerikaner, der nicht möchte, dass sich seine Familie mit anderen Ethnien vermischt, aber er hasst das multikulturelle Gewese um Herkunft und Minorität. In diesem Zusammenhang entwirft er und belebt dann immer wieder seine Figur des schweigsamen, handlungsbereiten amerikanischen Mannes, des »strong and silent type, like Gary Cooper«.

Aber auch die denkwürdige Episode, in der Tony eine ehemalige Geliebte seines Vaters kennenlernt (*In Camelot*, TS 5.59), eine auch im fortgeschrittenen Alter noch recht glamouröse Person, die andeutet, auch mit JFK intim gewesen zu sein, gehört zum Typus dieser in sich geschlossenen Kleinspielfilme. Auch weniger gelungene Folgen, wie die um die Freundschaft, die Uncle Junior im Heim zu einem intelligenten jungen Patienten entwickelt, der mit ihm in der Anstalt die Poker-Turniere rekonstruiert, deren Organisation draußen in der Wirklichkeit längst Tony übernommen hat, gehören dazu, und natürlich die beiden Europa-Reisen, insbesondere die zu einem phantastischen Trip in das Psycho-Universum einer ebenso nachhaltig verwirrten wie dann wieder Ich-starken Carmela geratene Paris-Tour von Rosalie Aprile und Tonys kulturinteressierter Ehefrau: Man sieht hier tatsächlich phantastischerweise Europa mit den Augen einer ehrgeizigen New Jersey Hausfrau (*Cold Stones*, TS 6.76 – obwohl untypischerweise eine elfte Folge). Eine parallele Dynamik des Verlorengehens in den eigenen Ambitionen, wenn auch ins Komische gewendet, ist der Ausflug von Christopher und Little Carmine nach Hollywood (*Luxury Lounges*, TS 6.72) auf der Suche nach Darstellern für Christophers Film »Cleaver« mit Ben Kingsley und Lauren Bacall. Und eine besonders geschlossene, bittersüße Episode ist die dann folgende *Johnny Cakes* (TS 6.73), wo der wegen seiner aufgedeckten Homosexualität flüchtige Vito Spattafore vorübergehend in einem kultivierten, homosexuellen Paradies in New Hampshire sich erholt – und es dann ganz gegen die Wünsche des empathischen Zuschauers wieder verlässt, weil die homosoziale Gewalttätergemeinschaft schließlich doch so viel schöner und anregender ist.

Wiederholung, Patterns:
der zentrale Quälgeist und die Ordnung

Es gibt nicht nur in Tonys Psychologie, sondern auch im Leben seiner kriminellen Organisation ein Muster, eine wiederkehrende Struktur. Unsere Lesart davon hat natürlich mit dem Kompromiss zu tun, den wir durch unsere skandalöse Bereitschaft zur Sympathie, ja zur Identifikation mit einem vielfachen Mörder und Folterer eingegangen sind. Wir haben uns mit Tonys Geschäften und der Attraktion, die sie verbreiten, mittels einer ähnlichen Formel arrangiert, mit der sich Untertanen mit unidealen, aber einstweilen unumgänglichen Staats- und Regierungsformen arrangieren. Wir lehnen die Exzesse ab – aus nichtigem Anlass zu Tode geprügelte junge Prostituierte, unnötig grausame Hinrichtungen junger, überambitionierter Mitgangster, ein wegen des Hinweises auf skandalös geringes Trinkgeld wie ein lästiges Insekt hingemordeter Kellner –, aber wir akzeptieren die Normalität, ja machen ihre Aufrechterhaltung zu unserer Sache. Denn, so unsere Rationalisierung, Tonys Machiavellismus verhindert ja gerade, dass die Exzesse zu sehr zunehmen.

Die Exzesse kommen von Störenfrieden und die Störenfriede kommen aus dem Außen der Serie. Die Serie hat zwei Außen, das eine ist der Ort, von dem man kommt (in der Regel das Gefängnis), das andere der Ort, an den man geht. Dieses andere Außen ist nicht der Tod, jedenfalls nicht der bezeugte Tod. Der führt via Beerdigungen, Zeremonien und spätere Erwähnungen in gewisser Weise ins Zentrum der Serie. Das andere Außen ist der geheime Mord, der meist unter dem Deckmantel der Verratszuschreibung unsichtbar wird, sodass über den vermeintlichen (oder tatsächlichen) Polizeikollaborateur später gesagt werden kann, das Schwein sei wohl im Zeugenschutzprogramm. Man hat das Zeugenschutzprogramm selten wirklich gesehen in der Geschichte des Mafia-Films und der Mafia-Serie. Eine Person, die es erlebt hat, ist tatsächlich Dr. Melfi, beziehungsweise ihre Darstellerin Lorraine Bracco in ihrer Rolle in GOODFELLAS – darum ist sie vielleicht auch hier zur Expertin des Unbewussten geworden. Denn in der Topik der SOPRANOS haben Unbewusstes und Witness Protection Program einiges gemeinsam: Die insgeheim ermordeten Personen leben im Unbewussten fort, sie tauchen als ungeklärte Fälle und Ahnungen in Tag- und Nachtträumen auf, nicht nur in solchen, die ihre Mörder träumen, sondern auch bei all jenen, die um sie trauern, aber dies nicht zugeben dürfen, ja nicht einmal wissen dürfen, dass sie tot sind.

Aus dem Außen der Gefängnisse in die Ordnung der Serie hinein kommt pro Staffel mindestens ein zentraler Nerver und Störer. Zunächst Richie Aprile in der zweiten Staffel, Phil Leotardo, der Nerver der letzten beiden Staffeln, taucht am Anfang der fünften mit einer Reihe minderer Mafiosi auf, die gemeinsam entlassen werden, wie auch Tony Blundetto, der kein ganz richtiger Nerver ist, aber doch auch ein Ordnungsstörer, und schließlich Ralphie Cifaretto, der zwar nicht aus dem Gefängnis kommt, aber zu Beginn der dritten Staffel aus dem Ersatzaußen Florida, wohin man sich (meteorologisch paradoxerweise) zurückzieht, wenn die Luft zu heiß wird. Sie alle stehen für das, was im normalen Regierungshandeln die Bedrohung durch den Terror ausmacht: einen Abgrund aus Brutalität und Unsicherheit, gegen den der aktuelle Machthaber die erträgliche Alternative darstellt. Die Staffeln haben zwar noch andere Zentren – in unterschiedlichem Maße das Leben der Kinder, einzelne Affären Tonys, die Trennung von Carmela in der fünften Staffel, der ewige Konflikt mit der Schwester, die ab der dritten Staffel nach Livia Sopranos Tod auch noch den als konstitutiv ausgegebenen Mutterkonflikt mit vertreten muss –, aber der Kampf gegen den zentralen Störenfried ist das Vehikel für die Identifikation mit dem Tony-Strang der

Erzählung, und interessanterweise damit auch mit dem Melfi-Strang. Wenn man sich Tony zu- und dann wieder von ihm abwenden will, wenn der schwere, schnaufende, widerwärtige liebenswerte Kerl ein Gegenstand bewegter, ambivalenter Gefühle für den Zuschauer sein soll, dann muss es ein Movens geben, das seine Körpermassen in Bewegung setzt, zu dem wir uns verhalten können. Nur am Anfang können das noch die sensationelleren und spektakulären Dinge sein: Gewalt und Leidenschaft. Mit der Zeit müssen wir strukturell gewonnen werden – und die Struktur ist der Kampf gegen den Störenfried, die Identifikation mit der Aufgabe, Ordnung herzustellen.

Nun haben die einzelnen Störer Gemeinsamkeiten und Differenzen. Ralphie teilt mit Richie nicht nur die Eigenschaft, eine Affäre mit Tonys Schwester zu haben, beide erweisen sich im Verlauf dieser Affäre auch als sexuell sehr speziell. In einer Welt, in der ein Mann schon sein Gesicht verliert – *no pun intended* –, wenn es sich herumspricht, dass er seine Frau oral befriedigt (wie Junior in der ersten Staffel: *Boca*, TS 1.9), liefern die Details, die man über Ralphie und Richie erfährt, jede Menge Erpressungsmaterial – dennoch machen sie ausgerechnet Janice zu ihrer Komplizin, die natürlich trotz aller Konflikte mit Tony diesem nichts verheimlicht. Tony Blundetto hingegen hat weder die gewalttätig jähzornige Macho-Persönlichkeit von Richie und Ralphie, noch hat er was mit Tonys Schwester am Laufen. Aber auch er dreht irgendwann durch und auch er hält sich nicht an die Disziplin der Truppe und beschwört so größte Probleme herauf. Dennoch ist entscheidend, wie der Zuschauer auf die Gewaltausbrüche gegen diese Störer vorbereitet wird: Der Genugtuung, dass es Ralphie ebenso recht geschieht wie Richie, steht das Bedauern gegenüber, wenn Tony Blundetto in Gefahr gerät, und die Hoffnung, er möge davonkommen. Bei allen drei Maßnahmen ist die Perspektive Tonys jedenfalls entscheidend für den Zuschauer.

Die Konflikte mit Phil Leotardo, Johnny Sack oder auch mit Uncle Junior sind etwas anders gelagert, da sie keine Untergebenen von Tony sind – aber als Partner, Verwandte, Kollegen ist die Abwehr ihrer jeweiligen Intrigen und Feldzügen ein ähnlich zentrales, Tony als Heerführer und Diplomaten ansprechendes Geschehen. Diese Perspektive ist aber, das wissen wir Zuschauer natürlich auch, die zentrale Lebenslüge dieses Charakters. Es wird im Laufe der Serie immer evidenter, dass Tonys Soldatendiskurs (»Da draußen ist ein Krieg, wir können's uns nicht aussuchen«) ebenso hohl ist wie sein Beerdigungsspruch (»It's sad when they go so young«), den James Gandolfini immer so besonders hundeäugig widerlich vorträgt. Aber wir wissen auch, dass er nicht einfach kalt lügt, sondern wie jeder tiefe Lebenslügner für sein Symptom bis zum letzten Blutstropfen fighten würde. Da aber, genau an der Stelle kämpft ein Teil von uns auf der Seite von Tony. Auch wir wollen eigentlich, dass er recht hat. Wir haben schließlich oft genug gesehen, dass er tut, was getan werden muss, und haben uns auch das, was nicht getan werden musste, damit erklärt, dass eben Krieg ist. Und wie oft haben wir beim gemeinsamen DVD-Schauen nach einer Hinrichtung das offizielle Resümee ausgesprochen, bevor es einer der Charaktere formulierte: He had it coming.

Denial, Anger, Acceptance

Ideologie und Weltbild

Carmela verhandelt mit Tony über die periodische Spende an die Columbia University, an der schließlich Tochter Meadow studiert (*Second Opinion*, TS 3.33). Der Umgang mit der Welt der Hochschulen und vor allem mit dem für das Einwerben von Geldern zuständigen Universitätspersonal ist eine von Carmelas besonders geschätzten Verpflichtungen. Ihre meist harmlosen Schwärmereien, aber auch ihr einziger uns bekannter Seitensprung betreffen, wie gesagt, die Männer der Kirche und der Universität (mal von dem romantischen Loner unter den Mafiosi, Furio, abgesehen, den wir Zuschauer aber auch als besonders brutales Arschloch kennen). Carmela erscheint nun der Betrag zu gering, den Tony zu geben bereit ist. Zum anderen spitzen sich eine ganze Reihe anderer Unzumutbarkeiten für sie zu. Sie geht nicht mehr mit zu Dr. Melfi, was sie eine kurze Zeit lang gemacht hat, sondern sucht sich einen eigenen Therapeuten. Dieser Dr. Krakower erklärt ihr in aller wünschenswerten Klarheit, dass es überhaupt nur einen einzigen Weg gibt, ihr Leben weiterzuleben: sofort die Kinder einpacken und abhauen, sich scheiden lassen und natürlich kein Geld mehr von ihrem Mafioso-Mann annehmen. Anders als ein katholischer

Geistlicher, den sie auch konsultiert und der natürlich wie früher schon dessen Kollegen bei der Rekonstruktion von Überbrückungslügen behilflich ist, fordert der jüdische Psychoanalytiker einen radikalen Schnitt – und er tut dies mit einer Vehemenz, die auch Carmela umhaut.

Statt aber diesen Schnitt zu machen oder dergleichen überhaupt zu erwägen, investiert Carmela die Energie aus schlechtem Gewissen und Depression bei gleichzeitiger moralischer Überlegenheit gegenüber ihrem Mann in eine neue Verhandlungsrunde über die Uni-Spende: Sie kriegt schließlich 50.000 statt der anfangs bewilligten 5.000 von jenem Geld, das zuvor ausführlich und detailliert als »Blutgeld« klassifiziert wurde. In dieser Episode ist nicht nur endlich einmal befriedigend beschrieben worden, wie Hochschulen sich dort finanzieren, wo dies der Staat nicht tut – indem sie durch geschulte Kräfte Druck auf die ideologisch unsicheren und legitimationsbedürftigen Teile des privatwirtschaftlich-mafiösen Komplexes ausüben –, sondern vor allem sehen wir zu, wie die Akteure der SOPRANOS sich ihren Seelenfrieden zurechtrekonstruieren: wie das Seelische buchstäblich zu einer Sache der Buchführung wird, zum Hin- und Herschieben von Einnahmen und Belastungen – bis schließlich eine Ruhe entsteht, die, ganz von anderen Triebzielen der Betreffenden getrennt, erreichbar zu sein scheint, wenn das Konto ausgeglichen ist.

Hier wäre so etwas wie eine Ideologie der Sopranos, nicht der gleichnamigen Serie, sondern der Angehörigen der Familie im tieferen Sinne zu finden: Das Subjekt ist ein prinzipiell ökonomisch angelegtes Institut. Die Mittel, mit denen Anerkennung ausgesprochen wird, sind geldwerte Vorteile, die auch im Umgang mit Kindern, Geliebten und anderen seelisch-gefühlsmäßig Verbundenen die Kommunikation regeln. Als Tony einmal seiner Tochter ein Auto schenkt, das er anstelle von geschuldetem Geld einem beim Poker bankrott gegangenen Geschäftsmann abgenommen hat, dessen Sohn ein Klassenkamerad von Meadow ist, begreift er nicht, dass ihr dieses Geschenk peinlich ist. Auch unter den nicht unmittelbar an der Front tätigen Mafiosi und deren Angehörigen ist der Tausch von Werten, günstigen Kaufmöglichkeiten etc. üblich. Dazu kommen die obligatorischen Ziti- und Kuchenmitbringsel, die oft die kommunikative Bedeutung der letzten Warnung haben: Heute bringe ich dir Ziti, um dich für irgendetwas zu gewinnen; das nächste Mal werde ich unfreundlicher sein.

Sex und Begehren

Trotzdem gibt es natürlich doch mehr als die Anerkennung, die über ökonomische Medien wie Tributzahlungen (»my taste« heißen die kleinen Briefumschläge mit Scheinen: also ein Probiergeld) und Schutzgelder zirkuliert. Man hat nicht das Gefühl, dass Sex Tony wirklich Spaß macht: Sein meist in Missionarsstellung sich schnaufend befriedigender Körper sieht nicht aus, als könne er Lust empfinden oder geben. Obwohl ihn manche Frauen tatsächlich körperlich lieben. Allerdings scheinen sie andere Gründe zu haben. Die seinem Beuteschema entsprechenden schwierigen Dunkelhaarigen wie die Autoverkäuferin Gloria Trillo, die Galeristin Valentina la Paz oder die Maklerin Julianna Skiff – jeweils von Dr. Melfi in ihrer neurotischen Unfähigkeit, glücklich zu sein, längst als Wiedergängerinnen von Tonys liebloser Mutter Livia identifiziert – stürzen ihn in depressive Zustände. Selbst die quirlige russische Nerverin Irina, von der er sich nach zwei Staffeln leichten Herzens zu trennen scheint, ruft später noch einmal einen seiner sinnentleerten Ausbrüche hervor. Beziehungsweise tut sie es wirklich? Irina hat lange nach Tony eine Affäre mit einem von Tony abhängigen korrupten Beamten. Dieser fragt Tony sogar um Erlaubnis, der dem Paar seinen Segen gibt. Später – durch einen Song von den Chi-Lites in eine sentimentale Stimmung versetzt – bricht sich wieder einmal die unkontrollierte Destruktivität Bahn und Tony peitscht den nackten Liebhaber seiner Ex vor deren Augen aus. Es ist ihm erneut ein sentimentaler Besitz weggenommen worden, wofür er nicht genügend Glück zurückbekommen hat – wie sein Pferd, seine Wildenten. Die Währungen gehen durcheinander. Der Tausch Wert gegen Wert reicht eben doch nicht, es gibt Glücks-Wert und reinen Anerkennungs-Wert. Tony ist betrogen worden, in der falschen Währung bezahlt.

Wenn aber eines klar sein dürfte, dann dass diese Mafia eben nicht, wie alle Beteiligten samt deren Zuschauer sich immer wieder einzureden versuchen, auf einer Form von ökonomischer Rationalität basiert, die lediglich manchmal aus dem Ruder gerät und dann wieder durch ein paar reinigende Bestrafungsaktionen in Ordnung kommt, sondern dass der Exzess und der Wutanfall entscheidende Motoren sind. Die wenigsten Killer killen kalt, fast alle Morde und Hinrichtungen werden mit Lust und Identifikation ausgeübt: Man ist mit Begeisterung bei der Sache, hat Scherzworte auf den Lippen, während das prospektive Opfer um Gnade winselt. Gewalt ist keine strategische

Notwendigkeit, sondern eine psychologische in einem System, das auf subalterner Angst und patriarchaler Autorität basiert. Das Regime des Ödipus ist massiv am Werk, deswegen haben die Shrinks auch so leichtes Spiel: Es ist fast wie die Arbeitsteilung mehrerer kulturell gefasster Einwanderungsgruppen. Die katholischen italienischen, irischen, polnischen und lateinamerikanischen Amerikaner erobern ihre patriarchalen Ganglands, die jüdischen zentraleuropäischen Amerikaner analysieren sie dabei und die WASP-Mittelklasse, aber zum Teil auch Afroamerika schaut zu und lässt sich die einen von den anderen erklären. Als Meadow einmal einen jüdisch-afroamerikanischen Boyfriend mit nach Hause bringt (auch noch ein Kind der kalifornischen Oberschicht, das die Mafia-Tochter später einfach absnobben wird), kriegt Tony eine seiner Panikattacken. Die Panikattacken sind die sichtbaren Vulkanausbrüche einer komplett unruhigen seelischen Unterwelt bei allen, vor allem männlichen Beteiligten, in denen ein giftiges Magma hochfrustrierter, körperlich geladener Energie auf höchsten Temperaturen brodelt. Nach und nach lernen wir, bevorstehende Eruptionen auch schon während der äußerlich ruhigen Latenz-Phasen zu antizipieren.

Vernunft und Kunst

Natürlich arbeitet nicht nur das glühende Magma, es arbeitet auch die zivilisatorische Kruste, ganz besonders bei unserem aufgeklärten Despoten. Jenseits der Abgründe Sexualität, Anerkennung, Familie begegnet Tony manchmal Menschen, deren Tatkraft ihn rührt, deren Vernunft ihm einleuchtet. Einmal ist dies zum Beispiel ein afroamerikanischer Gewerkschafter und vor allem dessen Vater, ein Veteran der Bürgerrechtsbewegung, der ihn trotz all seiner Ressentiments gegen diejenigen, die nicht »of our kind« sind, beeindruckt als ein hart arbeitender Vertreter seiner eigenen Leute – Tonys anderes Ich-Ideal, der *strong and silent type* aus den alten Filmen. Noch mehr aber beeindruckt ihn Svetlana, die Cousine seiner ehemaligen Comare Irina. Die hat als Kind ein Bein verloren und im Gegensatz zu ihrer lebensuntüchtigen hübschen Cousine hat sie sich in den USA etwas aufgebaut: ein eigenes Unternehmen, einen Pflegedienst.

Tony ist leicht verknallt in ihre geradlinige No-Nonsense-Art, ihren Humor, ihre Intelligenz. Und irgendwie findet er ihre Einbeinigkeit sexy. Als sie Jahre später als Pflegerin von Uncle Junior wieder auftaucht, schlafen sie miteinander, aber sie beendet das Verhältnis. Sie ist ihm über. Die russische Immigrantin-Unternehmerin und der würdige Afroamerikaner-Führer sind die wenigen Figuren, die es in einem Bereich zu etwas gebracht haben, der auch Tony zur Verfügung gestanden hätte: Intellektuelle, Shrinks und andere Analytiker abzulehnen, fällt ihm leicht, sie sind nicht *of his kind*. Aber zu entdecken, dass Leute, die ticken wie er, es zu etwas gebracht haben, öffnet ihn – was man quasi zu Ehren dieser Figur sagen muss. Es erhöht auch ihre Fallhöhe.

Es gibt noch finsterere, generell unzugänglichere Typen in THE SOPRANOS, die dennoch lichte, rührende Momente haben. Johnny Sack, ein immer wichtiger werdender Unterboss der Lupertazzi-Familie aus New York zum Beispiel, ein harter, strukturell eingeschnappter, schnell beleidigter, jähzorniger Knilch, der, nachdem ihm ein gemeiner Witz auf Kosten seiner übergewichtigen Frau berichtet wird, sich von keinem Friedensangebot beeindrucken lässt und unbedingt den Urheber des Witzes töten will – und dies auch noch allgemein bekannt gibt, sodass Tony bereits Vorkehrungen trifft, Johnny seinerseits töten zu lassen. Er entdeckt dann aber, dass seine Frau gar nicht die strenge Diät hält, von deren vergeblicher Wirkung auf seine dennoch tapfer darbende Frau er immer ausgegangen war, sondern sich heimlich mit Süßigkeiten vollstopft.

Er wirft ihr das gar nicht vor, ändert aber seine Meinung in Bezug auf den Racheplan – ein überaus irrer, seltener Moment von Einsicht, die den widersprüchlichen, bitteren Johnny Sack vorbereitet, den wir in den letzten Episoden erleben.

Aber sogar Christopher verfügt über eine Fallhöhe, die vor allem in den ersten Staffeln aufgebaut wird. Seine Begeisterung für alle möglichen Künste ist nicht nur checkerhafte Angeberei. Seinen dämlichen und unbeholfenen Drehbuchversuchen steht sein talentiertes Spiel in der Actor's-Klasse gegenüber. Adriana hatte ihm die Kursusteilnahme zum Geburtstag geschenkt. Natürlich versaut er's, als er einmal zu oft Rolle und Person im Eifer des Gefechts verwechselt und seinen Schauspielpartner real vermöbelt, übrigens wieder mal einen, der es echt verdient hat. Meinen wir Zuschauer. Christopher entwirft sich nicht nur als Filmemacher, sondern auch als Schallplatten-Produzent und Hintergrundfigur des Rock-Clubs seiner Freundin, in dem zum Beispiel die echten Fleshtones auftreten. Die Beziehungen zwischen organisiertem Verbrechen und Musikproduktion verkörpert vor allem der eindrucksvolle jüdische Freund der Sopranos Hesh, der seine volle Expertise als Pop-Musik-Experte entfaltet, als er auch die stumpfe zeitgenössische Rockband als

Niete enttarnt, an die Adriana glaubt, obwohl er doch gar kein Experte mehr für zeitgenössische Musik ist. Ein Hit ist eben ein Hit, sagt Hesh. Der HipHop-Produzent Massive Genius, eine weitere Connection, die Christopher und Adriana auftun, um irgendwie in der Celebrity-Musik-Welt voranzukommen, wirft Hesh vor, in seiner Zeit als R&B- und DooWop-Produzent Afroamerikaner um ihre Rechte gebracht zu haben.

Schließlich dreht Christopher als Produzent seinen kindischen Mafia-Horror-Film »Cleaver«, von dem alle Welt meint, dass er hier seine ödipalen Enttäuschungen verarbeitet. Ein untoter Mafia-Soldat nimmt grauenvolle Rache an seinem ehemaligen Boss. Er liefert damit ein in seiner expressiven Selbstbezogenheit absolutes Gegenbeispiel zur durchgearbeiteten Werkästhetik der Sopranos selbst.

Dichte

Viele Fans und Kritiker haben darauf hingewiesen, dass und wie bei den Sopranos alles mit allem zusammenhängt. Solche Fährten des Zusammenhangs auszulegen, gehört spätestens seit den Simpsons zum Konzept eines auf mehreren Ebenen funktionierenden massenkulturellen Kunstwerks. Es muss der sinnlosen, computergestützten Neugier ebenso etwas zu bieten haben wie dem flüchtigen Auge, das schnellen Autos und hüpfenden Brüsten folgt, während dumpfe Beats die Wahrnehmungseinheiten rhythmisieren.

Doch die absolute Kontingenzvermeidung, die Überdeterminierung jeder Entscheidung von der Betitelung der Episoden bis zum letzten Verklingen des Nachspann-Songs ist nicht nur eine Schicht, die sich ablösen und den Nerds und der Schwarmintelligenz zum Fraß vorwerfen lässt, damit sie wundervoll detaillierte Wikipedia-Einträge verfassen. Die mehrfache Bestimmtheit aller Entscheidungen liefert auch ein bestimmtes Gefühl der Umsorgtheit, der Erzählungsautorität, das man etwa von Kubrick-Filmen kennt – mit dem Unterschied, dass es dort auf einen Autorenstil und die ihm zugehörige Detailbesessenheit verweist: Kubrick ist halt so, der will das so. Bei den SOPRANOS ergibt sich das aus sich selbst heraus, aus den Regeln des Projekts, die vielleicht irgendwann mal von David Chase festgelegt worden sind, aber von jedem Beteiligten umgesetzt werden können oder konnten.

Ein Beispiel: Tony möchte Ralphie gegen Ende der vierten Staffel mit dem Vorwurf konfrontieren, dass dieser an dem Feuer schuld sei, dem Tonys geliebtes Pferd Pie-O-My zum Opfer gefallen ist. Er tut dies, indem er Ralphie fragt, ob er in letzter Zeit etwas von einem Mann gehört hat, dessen Namen wir alle noch nie gehört haben. Wir ahnen trotzdem, um was es bei dem Gespräch geht, das bald auch deutlicher wird. Nerds haben rausgefunden, dass derselbe Name schon einmal fiel, nämlich als man in der ersten Staffel jemanden suchte, der aus strategischen Gründen das damalige Lokal von Artie Bucco anzünden könnte, einen Fachmann für Brandanschläge. Niemand kann beim Betrachten der Serie diesen Namen entschlüsseln, niemand wird darüber nachdenken, dass der Jefferson-Airplane-Song, der bei Christophers erstem Auftreten als Tonys Fahrer aus dem Radio oder Recorder zu hören ist – »The Other Side Of This Life« –, ursprünglich von demselben Fred Neil verfasst wurde, der Christophers traurige Meditationen sechs Staffeln später mit seinem Original »The Dolphins« begleitet.

Aber was wir auf Schritt und Tritt begreifen, ist die Bestimmtheit all dieser Entscheidungen. Manchmal schämen sie sich ihrer dichten, geheimen Genauigkeit auch ein bisschen: Als Junior in der Klinik von einem Marshall aufgesucht wird, der sich mit dem Namen McLuhan vor-stellt – haha! –, wird dieser Moment von Studentenhumor (als Fallhöhen verdeutlichendes Beispiel eines Witzes, der nur gering vom regulären SOPRANOS-Humor abweicht) nicht etwa unterdrückt, sondern eine Krankenschwester muss auch noch einmal aussprechen: »Sie sind Marshall? Und heißen McLuhan? Dann wären Sie also Marshall McLuhan.« Schwester und Arzt lachen herzlich, Junior schaut verwirrt. Ähnlich lehrreich knapp daneben gera-ten, aber ansonsten typisch, ist der Moment, wenn Tony, eine Folge nachdem er eine Hinrichtung durchgeführt hat, bei der der Delinquent nach seiner Mutter gerufen hat, in einer Mall einen Jungen nach seiner Mutter rufen hört und einen entsprechend wohlgesetzten Schreck kriegt. Doch hier war den Machern das Vertrauen auf die Entschie-denheit ihrer Setzung einmal nicht genug und sie muss-ten Tonys entsetzten Gesichtsausdruck erklären, indem sie kurz die Hinrichtungsszene nochmal einspielten. An dem ungewöhnlichen Eindruck, den solche Fingerzeige hinterlassen, kann man erkennen, wie unfassbar geradli-nig die Serie sonst an dergleichen vorbeisteuert, sich dar-auf verlassend, dass Bestimmtheit auch dann Genauigkeit kommuniziert, wenn man die – oft unwichtigen – genauen Gründe der Bestimmung gar nicht kennt.

Natürlich haben schon die Filmer der Nouvelle Vague ihre Drehbücher und Szenen vollgestopft mit Verweisen auf geliebte Filme, Komponisten haben die Namen von bekannten Vorbildern in Notenschrift übersetzt, sich selbst als Material vorgelegt, und die postmoderne Kultur ist bekanntlich vor aufschiebenden, verweisenden Zeichen fast geplatzt. Um diesen Effekt geht es bei den SOPRANOS aber nicht, eher um eine Form von immanenter Durcharbeitung, bei der der Umstand, dass ein immanenter oder auch ein historischer Verweis irgendwo im Gewebe der Episoden lesbar wird, nicht entscheidend ist. Niemand hat hier diese Form der Lektüre entdeckt, noch trägt sie wesentlich zum tragischen, aufreibenden, süchtig machenden Charakter der Serie bei – die Verweise sind lediglich eine potenzielle Quelle von Festlegungen und Entscheidungen, eine unwichtige kleine Regel, der zu gehorchen dem Ganzen besser steht, als keiner Regel zu gehorchen oder irgendeiner dumm bombastischen oder kunstmetaphysischen Regel zu folgen.

Und natürlich gibt es dann auch wieder die Verweise, einige sind hier schon genannt worden, deren Bedeutungen in der Tat massiv wichtig sind, oft sind es die Songs.

Gegenkultur und Mittelklasse
gehen gemeinsam unter:
Songs und Seelen

Schon Tonys Mutter Livia hat eine kleine Schallplatten-sammlung, um die nach ihrem Tod ein Erbstreit zwischen Svetlana, ihrer von Tony geliebten einbeinigen Pflegerin, und Janice, ihrer Tochter, entbrennt. Es handelt sich um Hits der Vierziger und Fünfziger, die Janice aus campy und Retro-Gründen gerne hätte, während Svetlana darauf beharrt, dass Livia sie ihr vermacht hat. Nach Tonys un-ausgesprochener Meinung verdient die tüchtige Svetlana die noch von alten amerikanischen Tüchtigkeitstugenden geprägten Songs der Fünfziger natürlich eher als die flat-terhafte, faule und nur auf ihren Vorteil bedachte Janice mit ihrer Neigung zu esoterischen Religionen und an-derem dumpfen Hippie-Muff. Bei den Sopranos gehen die Mittelklasse und die Gegenkultur gemeinsam unter. Tony hat eine Vergangenheit, in der ihn Rockmusik und Hippie-Werte prägten, zumindest Reste davon hat er noch mitbekommen, auch wenn natürlich die ältere Janice mit ihren Trips nach Indien, Namensänderungen, Obdachlosigkeit und einem mit einem Franko-Kanadier gezeugten Kind (das nach einem Pop-Song heißt: Harpo) mehr damit zu tun hatte – und im ewigen Kampf darum, wer von beiden die Mutter verlassen hat oder wer von beiden die Mutter eigentlich hätte verlassen sollen, kriegt Janice immer wieder ihre Gegenkultur-Vergangenheit vorgehalten. Doch wer seine Tochter Wiese nennt, ist auch nicht ganz ohne Hippie-Einfluss geblieben – auch wenn die Meadowlands eine Landschaft New Jerseys sind, in der verdammt viele Leichen liegen.

Die SOPRANOS – und mehr noch die spätere Serie BREAKING BAD – haben immer auch den Umstand artikuliert, dass Leute, die eigentlich nichts anderes wollen als ein Häuschen in Suburbia, nicht anders überleben können als durch Kapitalverbrechen. Und umgekehrt, dass diejenigen, die gewohnheitsmäßig Kapitalverbrechen begehen, nicht anders leben wollen als der Rest der Mittelklasse. Dies ist bei Arbeitslosigkeit, Lohnabbau, Deindustrialisierung, Prekarisierung nicht mehr möglich – daher muss man so leben, wie die Mafia schon lange lebt. Das alltägliche Leben fühlt sich eh schon die ganze Zeit an wie ein Kampf gegen das Gesetz. Das einzige, was dieses Leben noch überstrahlt, gelegentlich über seine hündische Immanenz hinausweist, sind die Songs, die alle kennen, die ihnen fortgesetzt zugeordnet werden: große Songs, vertrottelte Songs, klassische

Balladen, Madrigale, Rap, Rock'n'Roll, Country. *Woke up this morning* und musste schon wieder als sauschlaudoofes Subjekt von New York nach New Jersey fahren.

Die Songs sind die Seele der Akteure. Uncle Junior erhebt sich, wenn er plötzlich singt, und wird zu Corrado, und Christopher rettet sein Leben durch das Gebet, das für ihn durch den Song von Otis Redding gesungen wird. Der Song zum Abspann wurde durch die SOPRANOS zu einem neuen Genre, das nicht nur etliche andere HBO-Serien – besonders gelungen bei DEADWOOD – übernommen haben, sondern auch andere Serien wie die erwähnte BREAKING BAD. Die Gegenkultur und ihre Überreste, aus der die Songs kommen, die das Leben in einer Verbrechen-um-zu-Überleben-Mittelklasse mit Transzendenz ausstatten, müssen natürlich unter ihrer Last zusammenbrechen. Am traurigsten und zugleich besonders evident wird das, wenn ein Song so direkt einer Person zugeordnet wird, dass das Lacan'sche Diktum, wonach das Subjekt immer im Futur II existiert, sich nicht nur vollendet, sondern dieses Futur II, der auf eine Zukunft, die Vergangenheit geworden ist, gerichtete Entwurf, von dem Entwerfenden wiedererkannt wird.

Nachdem Tony in *Cold Cuts* (TS 5.62) ein Familienessen mit seiner Schwester erfolgreich sabotiert und die Gute mal wieder zur Weißglut getrieben hat, fühlt er seinen Wunsch nach Destruktion befriedet und sich im Recht. Zufrieden latscht er durch einen in Indian-Summer-Farben getauchten Suburb heim, während aus dem extra-diegetischen Off die Kinks ihren Klassiker »I Am Not Like Everybody Else« singen: den Abschluss-Song. Man merkt: Dies hat der kleine Tony in der Frühpubertät gehört; es war sein Tribut an gegenkulturelle Zeiten – nicht wie alle anderen sein. Es lässt sich heute nicht nur wundervoll mit seinem Bandenoberhauptdasein, seinem Tätertum ver-einbaren, es war schon der Entwurf genau dieses Lebens, deswegen ist er so zufrieden. David Chase, der seinen Musikgebrauch explizit auf das Vorbild Scorsese zurück-führt, der schon virtuos mit historischen, pre-recorded Songs arbeitete, bevor es allgemeiner Standard wurde, macht aber einen entscheidenden Unterschied. Wir hören nicht die Lieder einer Epoche, sondern unterschiedlicher Epochen, in dem Maße, in dem diese Epochen als his-torisch unvollendete Sehnsuchtsorte der Akteure oder plötzliche Erinnerung heute noch oder wieder präsent sind. Für das Kinks-Stück durchbricht er die Regel, nie eine Live-Aufnahme als extradiegetische Musik einzusetzen. Gerade das funktioniert aber hier besonders gut, wenn der Chor des Publikums von Ray Davies angefeuert als Armee von Nonkonformisten über die Endcredits im Chor gröhlt: *I am not like everybody else*.

Special Thanks

Ich möchte Andreas Krüger danken, der mich um das Jahr 2000 herum, auf die Sopranos aufmerksam machte. Auf einen Artikel in der »Jungle World« über Ally McBeal antwortete er mit einem Hinweis auf eine in höherem Maße zeitgemäße Serie. Krüger und Stephanie Tasch spielten mir auch die ersten Episoden aus der damals neuen zweiten Staffel vor. Außerdem größter Dank an Juliane Rebentisch, Viola Schmitt und Martin Prinzhorn, mit denen gemeinsam ich die meisten Episoden gesehen habe, diverse mehrfach; Dank aber auch an Nora Alter und Alex Alberro, mit denen ich 2006 Staffel 5 und den Beginn von Staffel 6 zuerst gesehen habe.

5 Anspieltipps

Season 1, Episode 5:
College

(Teleplay: James Manos Jr. und David Chase, 07.02.1999)

Die extreme Spannung zwischen der Vater-Tochter-Harmonie bei einem gemeinsamen Ausflug und einem Mord, den derselbe Vater offensichtlich mit großem Spaß an der Sache begeht, formuliert erstmals die ganze Bandbreite der Sopranos. Die amerikanische Annahme, dass ein Familienmensch, ein guter Vater kein ganz schlechter Kerl sein kann, wird durch die Inbrunst, mit der Tony einen ehemaligen, zum FBI-Informanten gewordenen Kollegen umbringt, auf die Probe gestellt. Vorher und nachher checken Vater und Tochter die Colleges in Maine und erzählen sich ein paar Geheimnisse. Quality Time. Ein oft kolportierter Konflikt zwischen Chase und HBO macht indes klar, dass das Konstrukt der Serie, Mittelklasse-Normalität als kriminellen Abgrund zu schildern und nicht nur als spannungsreichen Gegensatz zur Kriminalität, zu diesem Zeitpunkt schon fertig war: Die Verantwortlichen von HBO meinten, dass nach diesem Mord Tony seine Fans verlieren würde, die ihn als netten Kerl sähen, Chase hingegen, dass er umgekehrt seine Fans verlieren würde, wenn er nicht bestialisch morde, weil er dann schwach erscheine. Beide haben recht. Er ist ein netter, inbrünstig hassender Mann – wäre er eines von beidem nicht, würde er etwas verlieren.

Season 3, Episode 27
Mr. Ruggerio's Neighborhood

(Teleplay: David Chase, 04.03.2001)

Howard Hawks ist vielleicht im klassischen Hollywood der Grundidee der SOPRANOS am nächsten: Action und Abenteuer stehen Dialogwitz und verbaler Schlagkraft nicht im Wege. Die Synthese läuft bei dem optimistischen Modernisten Hawks über Arbeit: In seinen Filmen sieht man die Schauspieler, wie sie Arbeiten erledigen, kooperieren und im Team produzieren. Diese Folge über hochspezialisierte Arbeit und deren filmisch-ästhetisch parallelisierte Präzisionsstandards zeigt das Leben der Sopranos aus der Perspektive des FBI. Dessen Mitarbeiter versuchen nämlich, im Hause der Familie (Code: The Sausage Factory) eine Abhöranlage zu installieren, wobei sie sich per Funk darüber verständigen, dass weder Tony (Code: Der Bingle) noch die ständig Tennis spielende Carmela (Mrs. Bing), weder der schlaffe Skater A.J. (Baby Bing) noch Meadow (Princess Bing) überraschend heimkommen. Die ineinandergreifenden Aktionen der FBI-Profis stehen für mögliche Perspektiven der Zuschauer: So sind die FBI-Agenten neidisch auf den Wohlstand der Familie Bing, der Fernglasbildausschnitt sucht beim Tennis den Körper von Adriana ab, dann wieder tendieren die Agenten zur Empathie und sorgen sich, dass der Boiler explodieren könnte – sie bleiben indes schimmerlos und das ist schließlich auch ein Plädoyer für das Mehrwissen der mitfühlenden Zuschauer gegenüber der rein dokumentarischen Überwachung.

Season 3, Episode 30:
Employee Of The Month

(Teleplay: Robin Green & Mitchell Burgess, 18.03.2001)

In dieser Episode sind sich der skeptisch-faszinierte Zuschauer, verkörpert durch Melfi, und Tony, interessanterweise ohne dessen Zutun, womöglich kurz am nächsten; dann beginnt eigentlich schon der lange Bogen ihrer Entfremdung und Distanzierung. Denn Melfi trifft eine Entscheidung: Auf dem Foto des »Mitarbeiter des Monats« in einem Schnellrestaurant erkennt sie den Mann wieder, der sie im Parkhaus vergewaltigt hat und den die Polizei nicht festnehmen kann, weil bei seiner ersten Vernehmung bei der gesetzlich vorgeschriebenen Prozedur geschlampt worden ist. Ohne dass sie etwas ausspricht und ohne dass Tony irgendetwas erfährt – er muss sich mit Ralphie Cifaretto herumärgern, der extrem verantwortungslose Dinge tut –, wissen die Zuschauer, dass sich Melfi für den Rest der Episode mit dem Gedanken trägt, Tony auf diesen Mitarbeiter anzusetzen. Die seelische Belastung ist groß, Rache wäre ganz sicher eine Möglichkeit, die Balance wiederzufinden, womöglich die Demütigungserfahrung zu löschen. Doch Melfi entscheidet sich dagegen. Gegen Selbstjustiz.

Season 5, Episode 63:
The Test Dream
(Teleplay: David Chase und Matthew Weiner, 16.05.2004)

Dies ist die verrückteste Episode. Sie besteht zu einem großen Teil aus einem Traum, einer Übertragung aus Tonys Unbewusstem, die nicht nur zeigt, wie er die aktuellen Kämpfe und Bedrohungen verschiebt und verdichtet, sondern auch welche randständigen Details aus früheren Episoden mit in den Salat geschmissen werden – und natürlich auch einige Erschütterungen aus Phasen seines Lebens, in denen wir ihn noch nicht kannten: Ein Sportlehrer aus der High School, der letzte Mensch, der offensichtlich höhere Ziele mit Tony verfolgte, ist schließlich Hauptperson des surrealen Epos. Schon bevor der Traum beginnt in der unwirklichen Welt einer Suite im New York Plaza Hotel, in das sich der Boss zum Entspannen zurückgezogen hat, wird die Realität langsam ausgeblendet. In seiner soghaften, monomanischen, fiebrigen Stimmung ist die Episode ein Gegenstück zu den eloquent und aggressiv ausgetragenen Streits in der ebenfalls brillanten vorangegangenen Folge *Cold Cuts* und zu der Ereignisdichte der nächsten, *Long Term Parking*. Sie ist aber auch der »Test« für die beiden Koma-Traum-Episoden *Join The Club* und *Mayham* aus der sechsten Staffel.

Season 6, Episode 84
The Second Coming
(Teleplay: Terence Winter, 20.05.2007)

Und schließlich noch eine relativ leise, wenn auch erschütternde Episode mitten im Chaos der totalen Auflösung und eines drohenden Krieges. Der arme Tropf A. J., der zu schwach und zu faul für alles ist, hat jetzt nach dem Ende seiner ersten halbwegs relevanten Liebesbeziehung wenigstens ein Thema, von dem er weiß, dass man es in seiner Familie versteht: Depressionen. Es kommt zu einem sagenhaft vertrottelten Selbstmordversuch, aber auch zur Begeisterung für ein Gedicht von Yeats. Nach seinen flüchtigen Verunsicherungen durch Heidegger-, Sartre- und Nietzsche-Lektüren noch als Schüler in der zweiten Staffel entsteht im Entschluss zum Nichtsein das erste Interesse für etwas bei A. J., hören wir die ersten vollständigen Sätze aus seinem Mund. Er ruft alles Elend an, das ihm im Laufe der Jahre wiederfahren ist, und beruft sich auf den fundamentalen Nihilismus seiner Großmutter. A. J.s ganzes Scheitern erfüllt hier nicht mehr nur eine Funktion in einer (Fernseh-)Familie, die per definitionem aus verschiedenen Funktionen bestehen muss wie eine Band, sondern es ist wie das Ergebnis, die Summe der Sopranos.

THE SOPRANOS
(created by David Chase)

HBO, 6 Seasons, 86 Episoden, 10. Januar 1999 bis 10. Juni 2007

Darsteller:

James Gandolfini (Tony Soprano), Edie Falco (Carmela Soprano), Michael Imperioli (Christopher Moltisanti), Drea de Matteo (Adriana La Cerva), Lorraine Bracco (Dr. Jennifer Melfi), Steven Van Zandt (Silvio Dante), Tony Sirico (Paulie »Walnut« Gualtieri), Aida Turturro (Janice Soprano), Jamie-Lynn Sigler (Meadow Soprano), Robert Iler (A.J. Soprano), Dominic Chianese (Corrado »Junior« Soprano) u. a.

Teleplays:

David Chase, Terence Winter, Robin Green & Mitchell Burgess, Matthew Weiner, Frank Renzulli, Michael Imperioli u. a.

Regie:

Tim Van Patten, John Patterson, Allen Coulter, Alan Taylor, Steve Buscemi, David Chase, Peter Bogdanovich (5.58), Mike Figgis (5.62), Rodrigo García (5.56), Lee Tamahori (2.16) u. a.

2. Auflage 2012

© diaphanes, Zürich

www.diaphanes.net

Alle Rechte vorbehalten

Satz und Layout: 2edit, Zürich

Druck: Pustet, Regensburg

ISBN 978-3-03734-211-4